LIBRO DE
ORACIONES
DEL
PAPA
FRANCISCO

LIBRO DE

ORACIONES

DEL

PAPA

FRANCISCO

Recopilación de
ANNA MARIA FOLI

ORIGEN

Título original:
Preghiera
Respirare la vita ogni giorno

Primera edición: febrero de 2020
Segunda impresión: marzo de 2020

© 2019 Mondadori Libri S.p.A., Milano
© 2019 Libreria Editrice Vaticana, Città del Vaticano
© 2020, Penguin Random House Grupo Editorial USA, LLC.
8950 SW 74th Court, Suite 2010
Miami, FL 33156

Derechos adquiridos a través de:
Ute Körner Literary Agent, Barcelona, www.uklitag.com

www.librosorigen.com

Diseño de cubierta: Fernando Ruiz
Fotografía de cubierta: GYG Studio / Shutterstock.com

ISBN: 978-1-644731-42-0

Impreso en Estados Unidos – *Printed in USA*

Penguin
Random House
Grupo Editorial

Índice

Rezar: ¿cómo?

Las oraciones del papa Francisco

Las oraciones más amadas por el papa Francisco

¿Qué es la oración?

La oración es el respiro del alma: es
importante buscar unos momentos en el día
para abrir el corazón a Dios.

Ángelus, 14 de diciembre de 2014

Una victoria sobre la soledad

Rezar es ya, desde ahora, la victoria sobre la soledad y la desesperación. Es como ver cada fragmento de la creación que bulle en el torpor de una historia de la que a veces no captamos el porqué. Pero está en movimiento, está en camino, y ¿qué hay al final de nuestro camino? Al final de la oración, al final de un tiempo en el que estamos rezando, al final de la vida, ¿qué hay allí? Hay un Padre que espera todo y espera a todos con los brazos abiertos. Miremos a este Padre.

Discurso, 9 de enero de 2019

Un arma poderosa

La oración no es una buena práctica para poner un poco de paz en el corazón ni tampoco un medio devoto para obtener de Dios lo que nos hace falta. Si fuese así, sería movida por un egoísmo sutil: yo rezo para estar bien, como tomarse una aspirina. No es así: "Yo rezo para obtener esto". Esto es un negocio, no es así, la oración es otra cosa. Es otra cosa.

La oración, por el contrario, es una *obra de misericordia espiritual* que quiere llevar todo al corazón de Dios. "Tómalo Tú, que eres Padre", sería así, por decirlo de forma simple. La oración es decir: "Tómalo Tú, que eres Padre", es simple. Esta es la relación con el Padre.

La oración es así. Es un don de fe y de amor, una intercesión que se necesita como el pan. En una palabra, significa *encomendar*: encomendar la Iglesia, las personas, las situaciones, al Padre —"yo te encomiendo esto"— para que las cuide. Para esto la oración, como le gustaba decir al padre Pío, es "la mejor arma que tenemos, una llave que abre el corazón de Dios. Una llave que abre el corazón de Dios es una llave fácil. El corazón de Dios no está 'blindado' como muchos medios de seguridad. Tú puedes abrirlo con una llave común, con la oración. Porque tiene un corazón de amor, un corazón de padre. Es la fuerza más grande de la Iglesia, que no debemos dejar nunca, porque la Iglesia da fruto si hace como la Virgen y los Apóstoles", que "perseveraban unánimes en la oración" (Hch 1:14) cuando esperaban el Espíritu Santo. Perseverantes y unánimes en la oración.

De lo contrario, se corre el riesgo de apoyarse en otras cosas: en los medios, el dinero, el poder; después la evangelización desaparece y la alegría se apaga y el corazón se vuelve aburrido.

Los animo a que los grupos de oración sean "centrales de misericordia": centrales siempre abiertas y activas, que con el poder humilde de la oración provean de la luz de Dios al mundo y la energía del amor a la Iglesia.

El padre Pío, que se definía solo "un pobre fraile que reza", escribió que la oración es "el apostolado más alto que un alma pueda ejercer en la Iglesia de Dios" (*Epistolario* II, 70).

Discurso, 6 de febrero de 2016

Un diálogo con Dios

La oración necesita y requiere tiempo. En efecto, rezar es también "negociar" con Dios para obtener lo que le pido al Señor, pero sobre todo para conocerlo mejor. De ello brota una oración como de un amigo a otro amigo.

Por lo demás, la Biblia dice que Moisés hablaba con el Señor cara a cara, como un amigo. Y así tiene que ser la oración: libre, insistente, con argumentos. Incluso "reprendiendo" un poco al Señor: "Pero Tú me has prometido esto y no lo has hecho". Es como cuando se habla con un amigo: abre el corazón a esta oración.

Homilía en Santa Marta, 3 de abril de 2014

No es una fórmula mágica

Para rezar no hay necesidad de hacer ruido ni creer que es mejor derrochar muchas palabras. No podemos confiarnos al alboroto de la mundanidad que Jesús identifica con "tocar la trompeta" o "hacerse ver el día del ayuno". Para rezar no es necesario el ruido de la vanidad: Jesús dijo que este es un comportamiento propio de los paganos.

La oración no ha de considerarse como una fórmula mágica: no se hace magia con la oración. En los encuentros con los brujos se gastan muchas palabras para obtener una curación o cualquier otra cosa con ayuda de la magia. Pero esto es pagano.

Entonces, ¿cómo se debe orar? Jesús nos enseñó: dice que el Padre que está en el cielo sabe lo que necesitas, antes incluso de que se lo pidas. Por lo tanto, la primera palabra debe ser "Padre". Esta es la clave de la oración. Sin decir, sin sentir esta palabra, no se puede rezar.

¿A quién le rezo? ¿Al Dios Omnipotente? Está demasiado lejos. Esto yo no lo siento, Jesús tampoco lo sentía. ¿A quién le rezo? ¿Al Dios cósmico? Un poco común en estos días, ¿no? Esta modalidad politeísta llega con una cultura superficial.

Es necesario, en cambio, orar al Padre, a Aquel que nos ha generado. Pero no solo eso: es necesario rezar al Padre "nuestro", es decir, no al Padre de un "todos" genérico o demasiado anónimo, sino a Aquel que te ha generado, que nos ha dado la vida, a ti, a mí, como personas individuales.

Es el Padre que te acompaña en tu camino, quien conoce toda tu vida, toda; quien sabe lo que es bueno y lo que no es tan bueno. Él lo sabe todo. Pero aún así no es suficiente: si no empezamos la oración con esta palabra, que no se pronuncia solo con los labios, sino desde el corazón, no podemos rezar como cristianos.

Homilía en Santa Marta, 20 de junio de 2013

Oración y memoria

La oración, precisamente porque se alimenta del don de Dios que se derrama en nuestra vida, debería ser siempre memoriosa. La memoria de las acciones de Dios está en la base de la experiencia de la alianza entre Dios y su pueblo. Si Dios ha querido entrar en la historia, la oración está tejida de recuerdos. No solo del recuerdo de la Palabra revelada, sino también de la propia vida, de la vida de los demás, de lo que el Señor ha hecho en su Iglesia.

Gaudete et exsultate, 19 de marzo de 2018

Entrar en el misterio

¡Aunque hayamos rezado durante tantos años, siempre debemos aprender! La oración del hombre, este anhelo que nace de forma tan natural en su alma, es quizá uno de los misterios más densos del universo.

Y ni siquiera sabemos si las oraciones que dirigimos a Dios son en realidad aquellas que Él quiere escuchar. La Biblia también nos da testimonio de oraciones inoportunas que al final son rechazadas por Dios: basta con recordar la parábola del fariseo y el publicano. Solo este último, el publicano, regresa del templo a su casa justificado, porque el fariseo era orgulloso y le gustaba que la gente lo viera rezar y fingía rezar: su corazón estaba helado. Y dice Jesús: este no está justificado "porque el que se ensalza será humillado, y el que se humilla será ensalzado" (Lc 18:14). El primer paso para rezar es ser humildes, ir donde el Padre y decir: "Mírame, soy pecador, soy débil, soy malo", cada uno sabe lo que tiene que decir. Pero se empieza siempre con la humildad, y el Señor escucha. La oración humilde es escuchada por el Señor.

Discurso, 5 de diciembre de 2018

Lucha y abandono

Orar no es refugiarse en un mundo ideal, no es escaparse a una falsa quietud. Por el contrario, *orar es luchar*, y dejar que también el Espíritu Santo ore en nosotros. Es el Espíritu Santo quien nos enseña a rezar, quien nos guía en la oración y nos hace orar como hijos.

Los *santos* son hombres y mujeres que entran hasta el fondo del misterio de la oración. Hombres y mujeres que *luchan con la oración*, dejando al Espíritu Santo orar y luchar en ellos; luchan *hasta el extremo*, con todas sus fuerzas, y vencen, pero no solos: el Señor vence a través de ellos y con ellos.

Homilía, 16 de octubre de 2016

Fuerza y debilidad

¿Cuál es la fuerza del hombre? Es la misma que testimonió la viuda de la que habla el Evangelio, quien llama continuamente a la puerta del juez. Llamar, pedir, lamentarse por tantos problemas, tantos dolores, y pedir al Señor la liberación de estos dolores, de estos pecados, de estos problemas. Esta es la fuerza del hombre, la oración, también la oración del hombre humilde, porque si en Dios hay una debilidad, esta se manifiesta precisamente respecto a la oración de su pueblo. El Señor es débil solo en esto.

Dios tiene una fuerza, cuando Él quiere, que cambia todo. Él es capaz de modelar todo de nuevo; pero tiene también una debilidad, nuestra oración, tu oración universal, cerca del papa en San Pedro.

Homilía en Santa Marta, 16 de noviembre de 2013

Rezar: ¿por quién?

¡Recen también por mí!
¡Pero siempre!
¡Recen a favor, no en contra!

                    Discurso, 4 de octubre de 2013

Por los enemigos

Jesús nos pide amar a los enemigos. ¿Cómo se puede hacer? Jesús nos dice: recen, recen por sus enemigos. La oración hace milagros; y esto vale no solo cuando tenemos enemigos; sino también cuando percibimos alguna antipatía, alguna pequeña enemistad. Y entonces hay que rezar, porque es como si el Señor viniese con el aceite y preparase nuestros corazones para la paz.

Pero ahora quisiera dejarlos con una pregunta, a la cual cada uno puede contestar en su corazón: "¿Yo rezo por mis enemigos? ¿Rezo por los que no me quieren?".

Si decimos que sí, yo te digo: "Sigue adelante, reza más, porque este es un buen camino". Si la respuesta es no, el Señor dice: "¡Pobrecito! ¡Tú también eres enemigo de los demás!". Y entonces hay que rezar para que el Señor cambie sus corazones.

Homilía en Santa Marta, 18 de junio de 2013

Por los políticos

Lo mejor que podemos ofrecer a los gobernantes es la oración. Pero alguien dirá: "Ese es una mala persona, debe ir al infierno". No, reza por él, reza por ella para que pueda gobernar bien, para que ame a su pueblo, para que sea humilde. Un cristiano que no reza por los gobernantes no es un buen cristiano. Que los gobernantes sean humildes y amen a su pueblo. Esta es la condición. Nosotros, los gobernados, damos lo mejor. Sobre todo la oración.

Roguemos por los gobernantes para que nos gobiernen bien. Para que lleven a nuestra patria, a nuestra nación adelante, y también al mundo; y que exista la paz y el bien común. Que esta Palabra de Dios nos ayude a participar mejor en la vida común de un pueblo: los que gobiernan, con el servicio de la humildad y con el amor; los gobernados, con la participación y sobre todo con la oración.

Homilía en Santa Marta, 16 de septiembre de 2013

Por Sodoma y Gomorra

En el libro del Génesis (18:16-33), se menciona la valiente intercesión de Abraham para evitar la muerte de los justos en la destrucción de Sodoma y Gomorra, ejemplo de familiaridad y respeto hacia Dios. Abraham se dirige a Dios como haría con cualquier hombre y sitúa el problema insistiendo: "¿Y si fueran cincuenta inocentes? ¿Si fueran cuarenta…, treinta…, veinte…, diez?".

Abraham tenía más de cien años. Desde hacía veinticinco años hablaba con el Señor y había madurado un profundo conocimiento de Él. Y por ello, se dirige al Señor para preguntarle qué hará con esa ciudad pecadora. Abraham siente la fuerza de hablar cara a cara con el Señor y busca defender la ciudad. Es insistente. Él siente que esa tierra le pertenece y, por lo tanto, busca salvar aquello que es suyo. Pero siente también el deber de defender lo que pertenece al Señor.

Abraham es valiente y ora con valor. Por lo demás, en la Biblia lo primero que se nota es precisamente la afirmación de que la oración debe ser valiente. Cuando hablamos de valor pensamos siempre en la valentía apostólica, en lo que nos lleva a ir y predicar el Evangelio.

Sin embargo, existe también el valor delante del Señor, la parresia ante el Señor: ir al Señor con valor para pedirle cosas. La oración de Abraham es como una tienda fenicia en la que se negocia sobre el precio y quien pide busca regatear lo más posible para bajar el precio. Abraham insiste y de cincuenta logró bajar el precio a diez. Si bien sabía que no era posible evitar el castigo para las ciudades pecadoras. Pero él debía interceder para salvar a un justo, a su primo. Con valor, con insistencia, pero seguía adelante.

Cuántas veces nos habrá pasado a cada uno de nosotros que al encontrarnos orando por alguien decimos: "Señor, te pido por eso, por aquello…". Pero si uno quiere que el Señor conceda una gracia, debe ir con valor y hacer aquello que ha hecho Abraham, con insistencia. Jesús mismo nos dice que debemos orar así. Convencer al Señor con las virtudes del Señor.

Homilía en Santa Marta, 1 de julio de 2013

Por los obispos y el papa

La fuerza del obispo contra el gran acusador es la oración, la de Jesús sobre él y la propia. Es una oración por nuestros obispos: por mí y por todos los obispos del mundo.

Son tres cosas las que conmueven de la actitud de Jesús: sobre todo que Jesús reza. Escribe el evangelista Lucas: "Jesús se fue al monte a rezar y pasó toda la noche rezando a Dios". La segunda actitud es que Jesús elige: es Él quien elige a los obispos. Y, tercero, Jesús baja con ellos a un lugar llano y encuentra al pueblo: en medio del pueblo. Precisamente estas son las tres dimensiones del oficio episcopal: rezar, ser elegido y estar con el pueblo.

Jesús reza, y reza por los obispos. Es el gran consuelo que un obispo tiene en los momentos feos: Jesús reza por mí. Por otro lado, lo dijo explícitamente a Pedro: "Yo rezaré por ti, para que tu fe no desfallezca". De hecho, Jesús reza por todos los obispos. En este momento, delante del Padre, Jesús reza. El obispo encuentra consuelo y encuentra fuerza en esta conciencia de que Jesús reza por él, está rezando por él. Y esto lo lleva a rezar. Porque el obispo es un hombre de oración.

Pedro tenía esta convicción cuando anuncia al pueblo la tarea de los obispos: "A nosotros la oración y el anuncio de la palabra". No dice: "A nosotros la organización de los planes pastorales". Por tanto, espacio a la "oración" y al "anuncio de la palabra". De esta manera, el obispo se sabe protegido por la oración de Jesús, y esto lo lleva a rezar. Que además, es la primera tarea del obispo.

Hombre en medio del pueblo, hombre que se siente elegido por Dios y hombre de oración: esta es la fuerza del obispo.

Recemos hoy por nuestros obispos: por mí, por estos que están aquí delante y por todos los obispos del mundo.

Homilía en Santa Marta, 11 de septiembre de 2018

Por quien está en el poder

Nosotros debemos crecer en esta conciencia de rezar por los gobernantes. Yo les pido un favor: que cada uno de ustedes tome hoy cinco minutos, no más. Si es un gobernante, que se pregunte: "¿Yo rezo a quien me ha dado el poder a través del pueblo?". Si no es gobernante: "¿Yo rezo por los gobernantes? Sí, por esto y por aquello, sí porque me gusta; por aquellos, no". Pero son precisamente aquellos los que tienen más necesidad.

Y si encuentran, cuando hacen examen de conciencia para confesarse, que no han rezado por los gobernantes, cuenten esto en la confesión. Porque no rezar por los gobernantes es un pecado.

Pedimos al Señor en esta misa la gracia de que nos enseñe a rezar por nuestros gobernantes: por todos aquellos que están en el poder, y también la gracia de que los gobernantes recen.

Homilía en Santa Marta, 18 de septiembre de 2017

Por quien nos hace sufrir

El siglo pasado, ¿cuántos cristianos enviados a los gulag rusos o a los campos de concentración nazis rezaron por quien quería asesinarlos? Muchos lo hicieron. Y se trata de ejemplos muy altos que tocan las conciencias de cada uno, porque llegar a amar a los propios enemigos, a quien quiere destruirte es, de todos modos, difícil de entender: solamente la palabra de Jesús puede explicarlo.

Es cierto, nosotros debemos perdonar a los enemigos: esto lo entendemos, el perdón, porque lo decimos todos los días en el padrenuestro; pedimos perdón como nosotros perdonamos: es una condición… Y nosotros perdonamos también para ser perdonados. No es una condición fácil, pero, incluso con un poco de dificultad, practicable: nos tragamos el orgullo y avanzamos.

Un esfuerzo que creemos poder realizar incluso considerando el siguiente paso: rezar por los demás, rezar por aquellos que nos dan dificultad, que tienen un modo de ser agresivo en familia. Y rezar por aquellos que nos ponen a prueba: también esto es difícil, pero lo hacemos. O al menos, muchas veces conseguimos hacerlo. Pero es el nivel superior el que parece incomprensible, rezar por aquellos que quieren destruirme, los enemigos, para que Dios los bendiga: esto es verdaderamente difícil de entender.

Difícil, pero no imposible. Pensemos en el siglo pasado, los pobres cristianos rusos que, por el simple hecho de ser cristianos, eran mandados a Siberia a morir de frío: y ¿ellos debían rezar por el gobernante verdugo que los mandaba allá? ¿Por qué? Y muchos lo hicieron: rezaron. Pensemos en Auschwitz y en otros campos de concentración: ellos debían rezar por ese dictador que quería la raza pura y mataba sin escrúpulos y rezar para que Dios los bendijera, ¡a todos esos! Y muchos lo hicieron. De ahí la invitación que sacude las conciencias: "Rezar por aquel que está a punto de matarte, que busca matarte, destruirte…".

Una ayuda viene de la misma Escritura, en la que hay dos oraciones que nos hacen entrar en esta lógica difícil de Jesús: la oración de Jesús por aquellos que lo mataban —"perdónales, padre"— y también su justificación: "No saben lo que hacen". Perdón: pide perdón para ellos. También Esteban hace lo mismo en el momento del martirio: "Perdónales". Cuánta distancia, una infinita distancia entre nosotros que tantas veces no perdonamos pequeñas cosas, mientras el Señor nos pide aquello de lo que nos ha dado ejemplo: perdonar a aquellos que intentan destruirnos.

Homilía en Santa Marta, 19 de junio de 2018

Por los gobernantes

Pablo nos habla y nos aconseja rezar por los gobernantes: "Que se hagan peticiones, súplicas, oraciones y agradecimientos por todos los hombres, por el rey —todos los reyes— y por todos aquellos que están en el poder, por los gobernantes, para que podamos llevar una vida calmada y tranquila, digna, dedicada a Dios" (1 Tm 2:1-8). Por lo tanto, recomienda Pablo, el pueblo debe rezar por los gobernantes, pero nosotros no tenemos una conciencia fuerte sobre esto: cuando un gobernante hace una cosa que no nos gusta, decimos cosas feas; si hace una cosa que nos gusta: "¡Ah, qué bueno!". Pero lo dejamos solo, lo dejamos con su partido, dejamos que se las arregle con el Parlamento, con esto, pero solo.

Y tal vez hay quien se desenvuelve diciendo: "Yo lo he votado" o "Yo no lo he votado, que haga lo suyo". En cambio, nosotros no podemos dejar a los gobernantes solos: debemos acompañarlos con la oración. Los cristianos deben rezar por los gobernantes. Y también en este caso alguno podrá objetar: "Padre, ¿cómo voy a rezar por este que hace tantas cosas malas?". Pero precisamente entonces tiene más necesidad aún: reza, ¡haz penitencia por el gobernante!

Homilía en Santa Marta, 18 de septiembre de 2017

Por mí, por nosotros

Jesús reza: ha rezado y sigue rezando por la Iglesia. Por lo tanto, la piedra angular de la Iglesia es el Señor que intercede por nosotros, que reza por nosotros ante el Padre: nuestra plegaria va dirigida a Él, pero el fundamento es que Él reza por nosotros.

Jesús siempre ha rezado por los suyos. En la última cena rezó por los discípulos y le pidió al Padre: "Guárdalos en la verdad, acompáñalos: no rezo solo por ellos, sino también por los que vendrán". Jesús reza antes de hacer algunos milagros: pensemos en la resurrección de Lázaro, cuando ora a Dios diciendo: "Gracias, Padre".

Jesús también reza en el monte de los Olivos; en la cruz, termina rezando: su vida culminó en oración. Esta es nuestra seguridad, nuestro cimiento, nuestra piedra angular: Jesús rezando por nosotros, Jesús orando por mí. Por lo tanto, cada uno de nosotros puede decir: "Estoy seguro, estoy segura de que Jesús reza por mí, está delante del Padre y me nombra".

Leemos ese pasaje del Evangelio antes de la pasión, cuando Jesús se dirige a Pedro con aquella advertencia que es como el eco del primer capítulo del libro de Job: "Pedro, Pedro, Satán ha obtenido el permiso de examinarte como el trigo, pero he rezado por ti para que tu fe no falle". Es hermoso pensar que las palabras que Jesús le dice a Pedro te las dice a ti, a mí y a todos: "Recé por ti, rezo por ti, ahora mismo estoy rezando por ti". Y cuando viene al altar, viene a interceder, a orar por nosotros, como en la cruz. Esto nos da una gran confianza: yo pertenezco a esta comunidad, que es firme porque tiene a Jesús como piedra angular, Jesús que reza por mí, que reza por nosotros.

Homilía en Santa Marta, 28 de octubre de 2016

Rezar: ¿por qué?

Es hermoso pensar que nuestro Dios no necesita sacrificios para conquistar su favor. No necesita nada, nuestro Dios: en la oración pide solo que nosotros tengamos abierto un canal de comunicación con Él para descubrirnos siempre como hijos suyos amados.

Audiencia, 2 de enero de 2019

Para pedir un milagro

La oración para pedir una acción extraordinaria debe ser una oración que nos involucre a todos, como si comprometiéramos toda nuestra vida en ese sentido.

En la oración hay que poner la carne al fuego.

La oración hace milagros, pero tenemos que creer. Creo que podemos hacer una oración hermosa, no una oración por cortesía, sino una oración con el corazón, y decirle hoy durante todo el día: "¡Creo, Señor! Ayúdame en mi incredulidad". Todos tenemos en el corazón algo de incredulidad. Decimos al Señor: "¡Creo, creo! ¡Tú puedes! Ayúdame en mi incredulidad". Y cuando nos piden que oremos por tanta gente que sufre en las guerras, por todos los refugiados, por todos aquellos dramas que hay en este momento, rezamos, pero con el corazón, y decimos: "¡Señor, hazlo! Señor, yo creo. Ayúdame en mi incredulidad".

Homilía en Santa Marta, 20 de mayo de 2013

Para huir de la tentación

Debemos estar atentos al diablo. A menudo escucho que se repite esta pregunta: "¿Qué debo hacer, Padre? ¿Qué hago ante este diablo derrotado, pero astuto, mentiroso, seductor, que quiere tomarme para sí? ¿Qué debo hacer?". Pero Jesús nos dice, lo dice a los apóstoles, qué hacer: vigilar y rezar. Vigilen y recen, esto es lo primero. Y cuando rezamos el padrenuestro, pedimos la gracia de no caer en tentación, que nos proteja para no resbalar en la tentación. Por lo tanto, la primera arma es la oración.

Homilía en Santa Marta, 8 de mayo de 2018

Para soportar el sufrimiento

Muchas veces hay personas que están viviendo situaciones difíciles, dolorosas, que han perdido tanto o se sienten solas y abandonadas, y van a quejarse y hacen esta pregunta: "¿Por qué?". Se rebelan contra Dios. Sigue rezando así, porque también esta es una oración. Como lo era la de Jesús cuando le dijo al Padre: "¿Por qué me has abandonado?", y como la de Job. Porque rezar es ponerse verdaderamente ante Dios. Se reza con la realidad. La verdadera oración viene del corazón, del momento que uno está viviendo. Es precisamente la oración en los momentos de oscuridad, en los momentos de la vida en los que no hay esperanza y no se ve el horizonte; hasta tal punto que tantas veces se pierde la memoria y no tenemos en qué anclar nuestra esperanza.

A estas personas se suman las que, aun sin enfermedades, sin hambre, sin necesidades importantes, se encuentran con un poco de oscuridad en el alma. Situaciones en las que creemos ser mártires y dejamos de rezar, enojándonos con Dios, tanto que ya ni siquiera vamos a misa. Al contrario, la Escritura de hoy nos enseña la sabiduría de la oración en la oscuridad, de la oración sin esperanza, como la de santa Teresita del Niño Jesús, que en los últimos años de su vida trataba de pensar en el cielo y oía dentro de sí como una voz que le decía: "No seas tonta, no fantasees. ¿Sabes qué te espera? La nada".

Por lo demás, todos nosotros muchas veces pasamos por esta situación. Y tanta gente piensa que terminará en la nada. Pero santa Teresita se defendía de esta insidia: rezaba y pedía fuerza para ir adelante, en la oscuridad. Esto se llama "entrar en paciencia". Una virtud que hay que cultivar con la oración, porque nuestra vida es muy fácil, nuestras quejas son quejas de teatro si las comparamos con las quejas de tanta gente, de tantos hermanos y hermanas que están en la oscuridad, que casi han perdido la memoria, la esperanza, que son exiliados hasta de sí mismos.

Jesús mismo recorrió este camino: desde la tarde en el monte de los Olivos hasta las últimas palabras en la cruz: "Padre, ¿por qué me has abandonado?". Tenemos que prepararnos para cuando llegue la oscuridad: vendrá, quizá no como a Job, tan duramente, pero todos tendremos un tiempo de oscuridad. Por eso es preciso preparar el corazón para ese momento.

Homilía en Santa Marta, 30 de septiembre de 2014

Para pedir misericordia

Siguiendo el ejemplo de Esdras que, de rodillas, alza las manos hacia Dios implorando misericordia (9:5-9), así debemos hacer nosotros por nuestros innumerables pecados.

Es la oración, siempre y en toda situación, el camino que debemos recorrer para afrontar los momentos difíciles, como las pruebas más dramáticas y la oscuridad que a veces nos envuelve en situaciones imprevisibles. Para hallar la vía de salida de todo ello, hay que orar incesantemente.

Homilía a Santa Marta, 25 de septiembre de 2013

Para permanecer firmes

El compromiso de la oración necesita del *apoyo de otro*. El cansancio es inevitable, y en ocasiones ya no podemos más, pero con la ayuda de los hermanos, nuestra oración puede continuar hasta que el Señor concluya su obra.

San Pablo, escribiendo a su discípulo y colaborador Timoteo, le recomienda que *permanezca firme* en lo que ha aprendido y creído con convicción (cfr. 2 Tm 3:14). Pero incluso Timoteo no podía hacerlo solo: no se vence la "batalla" de la perseverancia sin la oración. Pero no una oración esporádica e inestable, sino hecha como Jesús enseña en el Evangelio: "Orar siempre sin desanimarse" (Lc 18:1). Este es el modo de obrar cristiano: estar *firmes* en la oración para permanecer *firmes* en la fe y en el testimonio. Y de nuevo surge una voz dentro de nosotros: "Pero Señor, ¿cómo es posible no cansarse? Somos seres humanos, incluso Moisés se cansó". Es cierto, cada uno de nosotros se cansa. Pero no estamos solos, somos parte de un Cuerpo. Somos miembros del Cuerpo de Cristo, la Iglesia, cuyos brazos se levantan al cielo día y noche gracias a la presencia de Cristo resucitado y de su Espíritu Santo. Y solo en la Iglesia, y gracias a la oración de la Iglesia podemos permanecer firmes en la fe y en el testimonio.

Hemos escuchado la promesa de Jesús en el Evangelio: Dios hará justicia a sus elegidos que le gritan día y noche (cfr. Lc 18:7). Este es el misterio de la oración: *gritar, no cansarse* y, *si te cansas, pide ayuda para mantener las manos levantadas*. Esta es la oración que Jesús nos ha revelado y nos ha dado a través del Espíritu Santo.

Homilía, 16 de octubre de 2016

Para conocer a Dios

Esto es lo que hace la oración en nosotros: nos cambia el corazón, nos hace comprender mejor cómo es nuestro Dios. Pero para esto, es importante no hablarle al Señor con palabras vacías, como hacen los paganos. Es necesario, en cambio, hablar con la realidad: "Pero mira, Señor, tengo este problema en la familia, con mi hijo, con este o con el otro… ¿Qué se puede hacer? Pero mira que Tú no me puedes dejar así".

Homilía en Santa Marta, 3 de abril de 2014

Para ser como Jesús

Jesús rezaba intensamente en los actos públicos, compartiendo la liturgia de su pueblo, pero también buscaba lugares apartados, separados del torbellino del mundo, lugares que permitieran descender al secreto de su alma: es el profeta que conoce las piedras del desierto y sube a lo alto de los montes. Las últimas palabras de Jesús, antes de expirar en la cruz, son palabras de los salmos, es decir de la oración, de la oración de los judíos: rezaba con las oraciones que su madre le había enseñado.

Jesús rezaba como reza cada hombre en el mundo. Y, sin embargo, en su manera de rezar, también había un misterio encerrado, algo que seguramente no había escapado a los ojos de sus discípulos si encontramos en los Evangelios esa simple e inmediata súplica: "Señor, enséñanos a rezar" (Lc 11:1). Ellos veían que Jesús rezaba y tenían ganas de aprender a rezar. Y Jesús no se niega, no está celoso de su intimidad con el Padre, sino que ha venido precisamente para introducirnos en esta relación con el Padre y así se convierte en maestro de oración para sus discípulos, como ciertamente quiere serlo para todos nosotros. Nosotros también deberíamos decir: "Señor, enséñame a rezar. Enséñame".

Discurso, 5 de diciembre de 2018

Para cambiar nosotros mismos

Muchas de nuestras oraciones parecen no obtener ningún resultado. ¿Cuántas veces hemos pedido y no hemos obtenido —todos lo hemos experimentado—, cuántas veces hemos llamado y encontrado una puerta cerrada? Jesús nos insta, en esos momentos, a insistir y no rendirnos. La oración siempre transforma la realidad, siempre. Si las cosas no cambian a nuestro alrededor, al menos nosotros cambiamos, cambiamos nuestro corazón. Jesús prometió el don del Espíritu Santo a cada hombre y a cada mujer que reza.

Podemos estar seguros de que Dios responderá. La única incertidumbre se debe a los tiempos, pero no dudemos de que Él responderá. Tal vez tengamos que insistir toda la vida, pero Él responderá. Nos prometió: no es como un padre que da una serpiente en lugar de un pez. No hay nada más seguro: un día se cumplirá el deseo de felicidad que todos llevamos en nuestros corazones. Jesús dice: "Y Dios, ¿no hará justicia a sus elegidos, que están clamando a Él día y noche y les hace esperar?" (Lc 18:7). Sí, Él hará justicia, nos escuchará. ¡Qué día de gloria y resurrección será! Orar es ahora la victoria sobre la soledad y la desesperación. Rezar. La oración cambia la realidad, no la olvidemos. O cambia las cosas o cambia nuestros corazones, pero siempre cambia.

Discurso, 9 de enero de 2019

Rezar: ¿cómo?

*Rezar es como hablar con un amigo: por ello
la oración debe ser libre, valiente, insistente,
incluso a costa de llegar a "reñir" al Señor.*

Homilía en Santa Marta, 3 de abril de 2014

Con valentía

¿Cómo oramos nosotros? ¿Oramos así por costumbre, piadosamente, pero tranquilos, o nos ponemos con valentía ante el Señor para pedir la gracia, para pedir aquello por lo que rogamos?

La actitud es importante, porque una oración que no sea valiente no es una verdadera oración. Cuando se reza se necesita el valor de tener confianza en que el Señor nos escucha, el valor de llamar a la puerta. El Señor lo dice, porque quien pide recibe, y quien busca encuentra; y a quien llama, se le abrirá.

¿Pero nuestra oración es así? ¿O bien nos limitamos a decir: "Señor, tengo necesidad, dame la gracia"? En una palabra, ¿nos dejamos involucrar en la oración? ¿Sabemos llamar al corazón de Dios? En el Evangelio, Jesús nos dice: "¿Qué padre entre vosotros, si el hijo le pide un pez, le dará una serpiente? ¿O si le pide un huevo, le dará un escorpión? Si vosotros sois padres, daréis el bien a los hijos". Y luego continúa: "si vosotros que sois malos sabéis dar cosas buenas a vuestros hijos, cuánto más vuestro Padre del cielo…". Y esperamos que prosiga diciendo: "os dará cosas buenas a vosotros". En cambio no, no dice eso. Dará el Espíritu Santo a quienes lo pidan. Y esto es algo grande.

Por ello, cuando oramos valerosamente, el Señor no solo nos da la gracia, sino que también se da a sí mismo en la gracia. Porque el Señor jamás da o envía una gracia por correo: la trae Él, es Él la gracia.

Homilía en Santa Marta, 10 de octubre de 2013

Con celo y humorismo

No pierdan la oración. Recen como puedan, y si se duermen delante del Sagrario, bendito sea. Pero recen. No pierdan esto. No pierdan el dejarse mirar por la Virgen y mirarla como Madre. No pierdan el celo, traten de hacer... No pierdan la cercanía y la disponibilidad para la gente y también, déjenme que les diga, no pierdan el sentido del humor. Y sigamos adelante.

Discurso, 2 de junio de 2016

Con alegría y júbilo

El rey David inmoló sacrificios en honor a Dios; oró. Luego su oración llegó a ser jubilosa..., era una oración de alabanza, de alegría. Y comenzó a danzar. Dice la Biblia: "David iba danzando ante el Señor con todas sus fuerzas". Y David estaba tan contento al dirigir esta oración de alabanza que perdió toda compostura y comenzó a danzar ante el Señor con todas sus fuerzas. Esto era precisamente la oración de alabanza.

Es algo distinto de la oración que normalmente hacemos para pedir algo al Señor o incluso solo para dar gracias al Señor, así que no es tan difícil entender el sentido de la oración de adoración.

Pero la oración de alabanza la dejamos a un lado. Para nosotros no es algo espontáneo. Algunos podrían pensar que se trata de una oración para los de la Renovación en el Espíritu, no para todos los cristianos. La oración de alabanza es una oración cristiana, para todos nosotros. En la misa, todos los días, cuando cantamos repitiendo "Santo, Santo…", esta es una oración de alabanza, alabamos a Dios por su grandeza, porque es grande. Y le decimos cosas hermosas porque a nosotros nos gusta que sea así. Y no importa ser buenos cantantes. En efecto, no es posible pensar que seas capaz de gritar cuando tu equipo mete un gol, pero no seas capaz de cantar las alabanzas al Señor, de salir un poco de tu comportamiento para cantar esto.

Alabar a Dios es totalmente gratuito. No pedimos, no damos gracias. Alabamos: Tú eres grande. "Gloria al Padre, al Hijo, al Espíritu Santo…". Con todo el corazón decimos esto. Es incluso un acto de justicia, porque Él es grande, es nuestro Dios. Pensemos en una hermosa pregunta que podemos hacernos hoy: "¿Cómo es mi oración de alabanza? ¿Sé alabar al Señor? ¿O cuando rezo el gloria o el sanctus lo hago solo con la boca y no con todo el corazón? ¿Qué me dice David danzando? ¿Y Sara que baila de alegría? Cuando David entró en la ciudad, comenzó otra cosa: una fiesta. La alegría de la alabanza nos lleva a la alegría de la fiesta.

El hombre o la mujer que alaban al Señor, que rezan alabando al Señor —y cuando lo hacen son felices de decirlo— y gozan cuando cantan el sanctus en la misa, son un hombre o una mujer fecundos. En cambio, quienes se circunscriben a la formalidad de una oración fría, medida, así, tal vez terminan en la esterilidad de su formalidad. Pensemos e imaginemos a David que baila con todas sus fuerzas ante el Señor. Pensemos cuán hermoso es hacer oraciones de alabanza.

Homilía en Santa Marta, 28 de enero de 2014

Con una mirada a los hermanos

La súplica es expresión del corazón que confía en Dios, que sabe que solo no puede. En la vida del pueblo fiel de Dios encontramos mucha súplica llena de ternura creyente y de profunda confianza. No quitemos valor a la oración de petición, que tantas veces nos serena el corazón y nos ayuda a seguir luchando con esperanza. La súplica de intercesión tiene un valor particular porque es un acto de confianza en Dios y al mismo tiempo una expresión de amor al prójimo. Algunos, por prejuicios espiritualistas, creen que la oración debería ser una pura contemplación de Dios, sin distracciones, como si los nombres y los rostros de los hermanos fueran una perturbación a evitar. Al contrario, la realidad es que la oración será más agradable a Dios y más santificadora si en ella, por la intercesión, intentamos vivir el doble mandamiento que nos dejó Jesús. La intercesión expresa el compromiso fraterno con los otros cuando en ella somos capaces de incorporar la vida de los demás, sus angustias más perturbadoras y sus mejores sueños. De quien se entrega generosamente a interceder, puede decirse con las palabras bíblicas: "Este es el que ama a sus hermanos, el que ora mucho por el pueblo" (2 M 15:14).

Gaudete et exsultate, 19 de marzo de 2018

Festivamente o en silencio

Si de verdad reconocemos que Dios existe, no podemos dejar de adorarlo —a veces, en un silencio lleno de admiración— o de cantarle en festiva alabanza. Así expresamos lo que vivía el beato Carlos de Foucauld cuando dijo: "Apenas creí que Dios existía, comprendí que solo podía vivir para Él". También en la vida del pueblo peregrino hay muchos gestos simples de pura adoración como, por ejemplo, cuando "la mirada del peregrino se deposita sobre una imagen que simboliza la ternura y la cercanía de Dios. El amor se detiene, contempla el misterio, lo disfruta en silencio".

Gaudete et exsultate, 19 de marzo de 2018

Con adoración

Los cristianos deben aprender la "oración de adoración". Y los pastores deben querer la formación de los fieles en esta fundamental forma de oración.

Muchas veces pienso que nosotros no enseñamos a nuestro pueblo a adorar. Sí, les enseñamos a rezar, a cantar, a alabar a Dios, pero a adorar... La oración de adoración nos aniquila sin aniquilarnos: en el aniquilamiento de la adoración nos da nobleza y grandeza.

Y a esa experiencia, en la que se anticipa la vida en el cielo, se puede llegar solamente con la memoria de haber sido elegidos, de tener dentro del corazón una promesa que nos empuja a ir y con la alianza en la mano y en el corazón.

Por lo tanto, siempre en camino: camino difícil, camino en subida, pero en camino hacia la adoración, hacia ese momento en el que las palabras desaparecen frente a la gloria de Dios: no se puede hablar, no se sabe qué decir.

El rey Salomón solamente osa decir dos palabras en medio de la adoración: "Escucha y perdona", solamente eso. No se puede decir más. Adorar en silencio con toda una historia al lado.

Nos hará bien, hoy, tomar un poco de tiempo de oración, con la memoria de nuestro camino, la memoria de las gracias recibidas, la memoria de la elección, de la promesa, de la alianza.

Un recorrido interior en el que debemos buscar ir arriba, hacia la adoración y, en medio de la adoración, con mucha humildad, decir solamente esta pequeña oración: "Escucha y perdona".

Homilía en Santa Marta, 5 de febrero de 2018

Con fe intensa

Para rezar de verdad, al cristiano le hace falta coraje porque, firme en su propia fe, tiene que llegar incluso a desafiar al Señor, buscando la manera de superar las inevitables dificultades sin dudar. Como nos cuenta el Evangelio de Marcos, el leproso parado frente a Jesús tenía fe y coraje, le desafía: "Si Tú quieres, puedes hacerlo; si no me curas, es porque no quieres". Dice las cosas claras, pero la fe la tenía y la verdadera oración nace de esta fe.

Pero hay otro hombre que le pide a Jesús que cure a su hijo, quien está poseído por el demonio, y le dice: "Si Tú puedes, haz algo". Jesús, ante estas palabras, contesta: "Si ustedes tuvieran fe del tamaño de una semilla de mostaza". Entonces, frente al hombre que dudaba, Jesús replica que todo es posible para los que creen. Pero el hombre, lleno de angustia, le responde: "¡Creo, Señor, pero ayuda a mi débil fe!".

Siempre se necesita la fe al comienzo y él tenía poca, según lo que narra el Evangelio. El leproso, en cambio, estaba seguro, desafió a Jesús. Y al hacerlo, nos enseña que siempre, cuando nos acercamos al Señor para pedir algo, hay que empezar desde la fe y hacerlo con fe: "Tengo fe, creo que puedes sanarme, creo que Tú puedes hacer esto". Hay que tener el coraje de desafiarlo, como el leproso.

¿Cómo rezo? Cuando necesito algo, ¿cómo lo pido? ¿Lo hago desde la fe o lo pido como un papagayo? ¿Repito simplemente: "¡Señor, necesito esto!" o estoy realmente interesado en obtener lo que estoy pidiendo? ¿O si llega, bien; pero si no, mala suerte?: no, no funciona así.

En realidad, la oración empieza desde la fe: si no tengo mucha fe, puedo decir como aquel hombre, el padre del niño: "Creo, Señor, pero ayuda a mi poca fe". Por lo tanto, debemos empezar la oración así y con esa fe desafiar al Señor.

Homilía en Santa Marta, 12 de enero de 2018

Con paciencia, creatividad y atrevimiento

Muchas veces hay dificultades, como en el pasaje del Evangelio en el cual las personas llegan con el paralítico en la camilla. Había mucha gente dentro y fuera de la casa y no podían acercarse. Claro, si hubiera sido una sola persona, podría haberse colado para entrar, pero eran cuatro y con una camilla: imposible. Pero ellos querían que su amigo fuese sanado.

Y el paralítico también quería ser curado, así que se fueron detrás de la casa, subieron al techo, hicieron un agujero y bajaron la camilla con el enfermo frente a Jesús: ¡qué bonito regalo! Mientras Jesús predica, lo ve bajar. Ellos querían que su amigo fuese sanado, lo querían de verdad: había un problema y sabían cómo ir más allá: buscar una manera de acercarse a Jesús con la fe que puede sanar. Y tuvieron la valentía de buscar la manera.

En el Evangelio hay mucha gente así. Pensemos en aquella anciana que padecía de hemorragias desde hacía doce años. Jesús estaba lejos, había mucha gente, y dice: "Si puedo tocar el borde de su manto, seré sanada". Su fe es fuerte, se coló entre la gente y lo tocó. Jesús se dio cuenta y la curó.

Hace falta coraje para luchar y llegar al Señor, coraje para tener fe al comienzo: "Si Tú quieres, puedes sanarme; si Tú quieres, yo creo". Y también coraje para acercarse al Señor cuando hay dificultades. Muchas veces hay que tener paciencia y saber esperar el momento, pero nunca rendirnos, y seguir adelante.

No tendría sentido acercarse con fe al Señor y decir: "Si Tú quieres, puedes darme esta gracia" y luego, si a los tres días no ha llegado, olvidarse de ella y pedir otra cosa. Hace falta coraje.

En la misma línea de conducta hay muchos santos: pensemos en santa Mónica, que rezó y lloró mucho por la conversión de su hijo Agustín y pudo obtenerla. Hace falta valentía para desafiar al Señor y coraje para meterse en el juego, para involucrarse. Se podría decir: "¿Y si no me curo, si la gracia no llega?". Quizá sería mejor no arriesgarse tanto. No, en la oración se apuesta fuerte y si hay dificultades, se superan, como lo hicieron ellos.

La oración cristiana nace de la fe en Jesús y con la fe siempre va más allá de las dificultades. Hoy nos ayudará a llevar en el corazón una frase de nuestro padre Abraham, al cual se le prometió una herencia, o sea, tener un hijo a los cien años. El apóstol Pablo dice que él creyó y con esto fue justificado, tuvo fe y partió.

Homilía en Santa Marta, 12 de enero de 2018

Con sencillez e insistencia

En Buenos Aires, en un hospital, había una niña de nueve años con una enfermedad infecciosa y contagiosa, y le quedaba una sola semana de vida. Cuando los médicos llamaron a los padres, les dijeron: "Hemos hecho todo lo posible, pero no hay nada más que hacer, tiene solo dos o tres horas". Entonces el padre, un obrero, un hombre sencillo y trabajador que conocía la realidad de la vida como Jesús, se fue de la clínica, dejó a la mujer, tomó el autobús y recorrió cuarenta y tres millas y media [setenta kilómetros] para ir hasta el santuario de la Virgen de Luján. Salió alrededor de las seis de la tarde y llegó alrededor de las ocho o las nueve de la noche, cuando el santuario ya estaba cerrado. Pero él rezó afuera durante toda la noche, aferrado a la puerta, implorando a la Virgen: "Quiero a mi hija, quiero a mi hija. Tú puedes dármela". Al día siguiente, a eso de las cinco o las seis de la mañana, tomó el autobús y volvió al hospital. Llegó alrededor de las nueve y media de la mañana y encontró a su esposa un poco desorientada, sola. La niña no estaba. Pensó lo peor. Y la mamá le dijo: "Sabes, los médicos la llevaron a hacerle otro examen. No tenían explicación, porque se despertó y pidió de comer. Y no tiene nada, está bien, está fuera de peligro".

Esto ha pasado. Lo sé a ciencia cierta. Y la enseñanza de esta historia es que aquel hombre quizá no iba a misa todos los domingos, pero sabía cómo rezar, sabía que, cuando se necesita, hay un amigo que tiene la posibilidad, tiene pan, tiene la posibilidad de resolverte un problema. Por eso, tocó toda la noche.

Homilía en Santa Marta, 11 de octubre de 2018

Con impertinencia

Tenemos que rezar con coraje, con constancia y hasta con impertinencia, sin cansarnos nunca; porque la oración no es una varita mágica, sino una búsqueda, un trabajo, una lucha que requiere voluntad, constancia y determinación.

El Señor quiere enseñarnos cómo rezar: "Les digo que, aunque no se levante a dárselos porque es su amigo, por lo menos, por su insistencia, se levantará y les dará cuanto les haga falta". Todo. "Sí, ven, coge el pan, las salchichas, coge todo y llévalo a tu casa". En resumen, en una sola palabra: impertinencia.

Se reza con coraje porque cuando rezamos tenemos una necesidad. Y como Dios es un amigo, de hecho, es un amigo rico que tiene pan, que tiene lo que necesitamos. Es como si Jesús estuviera diciendo: "En la oración sean persuasivos, insistentes, no se cansen".

Pero ¿no te canses de qué? De pedir: "Pidan y se les dará". Entonces, una oración que sea de búsqueda. Busquen. Y cerrada una puerta, voy a otra. Toquen y se les abrirá. Sean invasivos en la oración. Porque quien pide recibe. Quien busca encuentra. A quien toca, se le abrirá. Y eso es bonito.

La oración no es como una varita mágica: hacemos nuestra oración y… ¡pum!, se nos da la gracia. La oración es un trabajo: un trabajo que requiere voluntad, que exige constancia, que nos pide ser determinados, sin vergüenza. ¿Por qué? Porque estoy tocando a la puerta de mi amigo.

Dios es un amigo, y con un amigo puedo hacer esto. Una oración constante, insistente, como aquella de santa Mónica, por ejemplo: cuántos años rezó así, incluso con lágrimas, por la conversión de su hijo Agustín. El Señor, al final, abrió la puerta.

Pero si uno pide, dice dos padrenuestros y luego se va, entonces quiere decir que no deseaba de verdad lo que pedía. Al contrario, hace falta pedir con insistencia.

Homilía en Santa Marta, 11 de octubre de 2018

Como niños caprichosos

La mayoría de nosotros no sabe rezar. Piensen en los niños caprichosos: cuando quieren algo, gritan y se agitan diciendo "¡Yo quiero! ¡Yo quiero!" y lloran. Al final, la mamá y el papá ceden: "Por lo menos no molestas. Bueno sí, coge y anda".

De la misma manera es Dios. El Señor es un amigo: siempre ofrece el bien. Da más: le pido que resuelva este problema y Él lo resuelve, y también te da el Espíritu Santo.

Homilía en Santa Marta, 11 de octubre de 2018

Como reza Jesús

Durante la cena del Jueves Santo, en efecto, los apóstoles estaban tristes, y Jesús dijo: "No se turbe vuestro corazón. Creéis en Dios; creed también en mí. En la casa de mi Padre hay muchas mansiones. Voy a prepararos un lugar".

¿Qué quiere decir esto? ¿Cómo prepara el lugar Jesús? La respuesta es inmediata: con su oración por cada uno de nosotros, Jesús pide por nosotros y esta es la intercesión. Es importante, en efecto, saber que Jesús trabaja en este momento con su oración por nosotros.

Así como una vez Jesús, antes de la pasión, dijo: "Pedro, he rezado por ti", así ahora Jesús es el intercesor entre el Padre y nosotros.

Pero en este punto, uno se pregunta: "Y ¿cómo reza Jesús?". Esta es mi respuesta totalmente personal, no es un dogma de la Iglesia. Yo creo que Jesús muestra las llagas al Padre porque las llagas las ha cargado consigo después de la resurrección: muestra las llagas al Padre y nombra a cada uno de nosotros. En mi opinión, se puede imaginar así la oración de Jesús. Y el cristiano se anima sabiendo esto: en este momento, Jesús intercede por nosotros.

Homilía en Santa Marta, 22 de abril de 2016

Presentando argumentos

Moisés inicia su oración, una verdadera lucha con Dios. Es la lucha del jefe del pueblo para salvar a su pueblo, que es el pueblo de Dios. Moisés habla libremente ante el Señor y actuando así nos enseña cómo rezar: sin miedo, libremente, incluso con insistencia. Moisés insiste, es valiente: la oración debe ser así.

Decir palabras y nada más no quiere decir rezar. Se debe saber también "negociar" con Dios. Precisamente como hacía Moisés, recordándole a Dios, con argumentos, la relación que tiene con el pueblo. Así, trata de "convencer" a Dios de que si desencadenaba su ira contra el pueblo haría un mal papel ante todos los egipcios.

De hecho, en el libro del Éxodo se leen estas palabras de Moisés a Dios: "¿Por qué han de hablar los egipcios diciendo: 'Con malas intenciones los ha sacado, para matarlos en los montes y para exterminarlos de la faz de la tierra?'. Vuélvete del ardor de tu ira, y desiste de hacerle daño a tu pueblo".

En resumen, con muchas argumentaciones, Moisés trataba de "convencer" a Dios de cambiar de actitud. Y estas argumentaciones las busca en la memoria. Así, dice a Dios: "Tú has hecho esto, esto y esto por tu pueblo, pero si ahora lo dejas morir en el desierto, ¿qué dirán nuestros enemigos? Dirán que eres malo, que no eres fiel". De este modo, Moisés trata de "convencer" al Señor, emprendiendo una lucha en la que pone en el centro dos elementos: tu pueblo y mi pueblo.

La oración tiene éxito porque Moisés logra "convencer" al Señor. Entonces, se arrepintió el Señor de la amenaza que había pronunciado contra su pueblo. Cierto, el Señor estaba un poco cansado de este pueblo infiel. Pero cuando uno lee, en la última palabra del pasaje, que el Señor se arrepintió y cambió de actitud, se debe preguntar: "¿Quién cambió verdaderamente aquí? ¿Cambió el Señor?".

Yo creo que no: quien cambió fue Moisés. Porque él creía que el Señor habría destruido al pueblo. Y busca en su memoria cómo había sido bueno el Señor con su pueblo, cómo lo había sacado de la esclavitud de Egipto para llevarlo adelante con una promesa.

Es con estas argumentaciones que trata de "convencer" a Dios. En este proceso, encuentra la memoria de su pueblo y la misericordia de Dios. Realmente, Moisés tenía miedo de que Dios hiciese esta cosa terrible. Pero al final, baja del monte con una gran certeza en el corazón: nuestro Dios es misericordioso, sabe perdonar, vuelve atrás con sus decisiones, es un padre.

Homilía en Santa Marta, 3 de abril de 2014

Con confianza

Pero ninguno de nosotros está obligado a abrazar la teoría que alguien adelantó en el pasado, es decir, que la oración de petición es una forma débil de fe, mientras que la oración más auténtica sería la alabanza pura, la que busca a Dios sin la carga de ninguna petición. No, esto no es cierto. La oración de petición es auténtica, es espontánea, es un acto de fe en Dios que es el Padre, que es bueno, que es omnipotente. Es un acto de fe en mí, que soy pequeño, pecador, necesitado. Y por eso, la oración para pedir algo es muy noble.

Dios es el Padre que tiene una inmensa compasión de nosotros y quiere que sus hijos le hablen sin miedo, directamente llamándolo "Padre"; o en las dificultades, diciendo: "Pero Señor, ¿qué me has hecho?".

Por eso, le podemos contar todo, también las cosas que en nuestra vida parecen torcidas e incomprensibles. Y nos ha prometido que estaría con nosotros para siempre, hasta el último de los días que pasemos en esta tierra. Recemos el padrenuestro, comenzando así, simplemente: "Padre" o "Papá". Y Él nos entiende y nos ama tanto.

Discurso, 12 de diciembre de 2018

Con la mirada dirigida hacia lo alto

La oración del padrenuestro hunde sus raíces en la realidad concreta del hombre. Por ejemplo, nos hace pedir el pan, el pan cotidiano: petición no sencilla, pero esencial, que dice que la fe no es una cuestión "decorativa", separada de la vida, que interviene cuando se han cubierto todas las demás necesidades. Si acaso, la oración comienza con la vida misma. La oración —nos enseña Jesús— no inicia en la existencia humana después de que el estómago está lleno: sobre todo, anida en cualquier parte que haya un hombre, cualquier hombre, que tiene hambre, que llora, que lucha, que sufre y se pregunta "por qué". Nuestra primera oración, en un cierto sentido, ha sido el vagido que acompañó la primera respiración. En ese llanto de recién nacido se anunciaba el destino de toda nuestra vida: nuestra continua hambre, nuestra continua sed, nuestra búsqueda de felicidad. Jesús, en la oración, no quiere apagar lo humano, no quiere anestesiar. No quiere que modifiquemos las preguntas y peticiones aprendiendo a soportar todo. En cambio, quiere que cada sufrimiento, cada inquietud, se lance hacia el cielo y se convierta en diálogo.

Discurso, 12 de diciembre de 2018

Las oraciones
del papa Francisco

Recen por mí

Imploro la intercesión de la Virgen María, de san José, de los apóstoles san Pedro y san Pablo, de san Francisco, para que el Espíritu Santo acompañe mi ministerio, y a todos ustedes les digo: recen por mí. Amén.

Homilía durante la misa de inicio del pontificado,
19 de marzo de 2013

En la tentación

En la tentación, Señor,
ayúdame a no negociar contigo, sino a rezar.
Ayúdame, Señor,
soy débil, no quiero esconderme de ti.
Esto es valentía, esto es ganar.
Señor, dame la gracia
y acompáñame en esta valentía
y, si estoy engañado por mi debilidad,
en la tentación,
dame la valentía de levantarme e ir adelante:
por esto ha venido Jesús.

Homilía en Santa Marta, 10 de febrero de 2017

Como niños

Señor,
concédele a cada cristiano la gracia
de entender, de sentir,
de entrar en este mundo tan misterioso de Jesús,
de maravillarnos y tener paz
con este amor que se entrega,
nos da alegría y nos conduce por el camino de la vida
como a un niño que lleva de la mano.

Homilía en Santa Marta, 27 de junio de 2014

Huir del pecado

Cuando seamos tentados, Señor,
haz como con los discípulos,
con tu paciencia,
dinos a nosotros también: detente.
Tranquilízate.
Levanta los ojos, mira el horizonte,
no te cierres, sigue adelante.
Estas palabras nos salvarán de caer en el pecado
en el momento de la tentación.

Homilía en Santa Marta, 18 de febrero de 2014

Un grito hacia el cielo

En tu grito, Señor, encuentra eco el grito del inocente que se une a tu voz y se eleva hacia el cielo.

En este lugar de la memoria, te imploramos, Señor, que tu grito nos mantenga despiertos. Que tu grito, Señor, nos libre de la enfermedad espiritual a la que, como pueblo, estamos siempre tentados: olvidarnos de nuestros padres, de lo que se vivió y padeció.

Que en tu grito y en las vidas de nuestros mayores que tanto sufrieron encontremos la valentía para comprometernos decididamente con el presente y con el futuro; que aquel grito sea estímulo para no acomodarnos a las modas de turno, a los eslóganes simplificadores, y a todo intento de reducir y privar a cualquier persona de la dignidad con la que Tú la has revestido.

Señor, que Lituania sea faro de esperanza. Sea tierra de la memoria operosa que renueve compromisos contra toda injusticia. Que promueva intentos creativos en la defensa de los derechos de todas las personas, especialmente de los más indefensos y vulnerables. Y que sea maestra en cómo reconciliar y armonizar la diversidad.

Señor, no permitas que seamos sordos al grito de todos los que hoy siguen clamando al cielo.

Oración durante la visita a Lituania,
23 de septiembre de 2018

Vergüenza, arrepentimiento y esperanza

Señor Jesús, nuestra mirada está dirigida a ti, llena de vergüenza, de arrepentimiento y de esperanza. Ante tu amor supremo nos impregna la vergüenza por haberte dejado solo para sufrir por nuestros pecados:

la vergüenza por haber escapado ante la prueba incluso habiendo dicho miles de veces: "Aunque todos te dejen, yo no te dejaré";

la vergüenza de haber elegido a Barrabás y no a ti, el poder y no a ti, la apariencia y no a ti, el dios dinero y no a ti, la mundanidad y no la eternidad;

la vergüenza por haberte tentado con la boca y con el corazón cada vez que nos hemos encontrado ante una prueba, diciéndote: "¡Si Tú eres el Mesías, sálvate y nosotros creeremos!";

la vergüenza porque muchas personas, e inclusos algunos ministros tuyos, se han dejado engañar por la ambición y la vanagloria, perdiendo su dignidad y su primer amor;

la vergüenza porque nuestras generaciones están dejando a los jóvenes un mundo fracturado por las divisiones y las guerras; un mundo devorado por el egoísmo donde los jóvenes, los pequeños, los enfermos, los ancianos son marginados;

la vergüenza de haber perdido la vergüenza;

Señor Jesús, ¡danos siempre la gracia de la santa vergüenza!

Nuestra mirada está llena también de un arrepentimiento que, ante tu silencio elocuente, suplica tu misericordia:

el arrepentimiento que brota de la certeza de que solo Tú puedes salvarnos del mal, solo Tú puedes sanarnos de nuestra lepra de odio, de egoísmo, de soberbia, de codicia, de venganza, de avaricia, de idolatría, solo Tú puedes abrazarnos y darnos de nuevo la dignidad filial y alegrarnos por nuestra vuelta a casa, a la vida;

el arrepentimiento que florece del sentir nuestra pequeñez, nuestra nada, nuestra vanidad y que se deja acariciar por tu invitación suave y poderosa a la conversión;

el arrepentimiento de David, que desde el abismo de su miseria, reencuentra en Ti su única fuerza;

el arrepentimiento que nace de nuestra vergüenza, que nace de la certeza de que nuestro corazón permanecerá siempre inquieto hasta que no te encuentre a Ti y en Ti su única fuente de plenitud y de quietud;

el arrepentimiento de Pedro, que encontrando tu mirada lloró amargamente por haberte negado delante de los hombres.

Señor Jesús, ¡danos siempre la gracia del santo arrepentimiento!

Delante de tu suprema majestad, se enciende, en la tenebrosidad de nuestra desesperación, la chispa de la esperanza, porque sabemos que tu única medida para amarnos es la de amarnos sin medida;

la esperanza, porque tu mensaje continúa inspirando, todavía hoy, a muchas personas y pueblos para los que solo el bien puede derrotar el mal y la maldad, solo el perdón puede derrumbar el rencor y la venganza, solo el abrazo fraterno puede dispersar la hostilidad y el miedo al otro;

la esperanza, porque tu sacrificio continúa, todavía hoy, emanando el perfume del amor divino que acaricia los corazones de tantos jóvenes que siguen consagrándote sus vidas, convirtiéndose en ejemplos vivos de caridad y de gratuidad en este nuestro mundo devorado por la lógica del beneficio y de la fácil ganancia;

la esperanza, porque tantos misioneros y misioneras continúan, todavía hoy, desafiando la adormecida conciencia de la humanidad, arriesgando la vida para servirte en los pobres, en los descartados, en los inmigrantes, en los invisibles, en los explotados, en los hambrientos y en los presos;

la esperanza, porque tu Iglesia, santa y hecha de pecadores, continúa, todavía hoy, no obstante todos los intentos de desacreditarla, siendo una luz que ilumina, alienta, levanta y testimonia tu amor ilimitado por la humanidad, un modelo de altruismo, un arca de salvación y una fuente de certeza y de verdad;

la esperanza, porque de tu cruz, fruto de la avaricia y la cobardía de tantos doctores de la ley e hipócritas, ha surgido la resurrección, transformando las tinieblas de la tumba en el brillo del alba del domingo sin puesta de sol, enseñándonos que tu amor es nuestra esperanza.

¡Señor Jesús, danos siempre la gracia de la santa esperanza!

Ayúdanos, Hijo del hombre, a despojarnos de la arrogancia del ladrón puesto a tu izquierda y de los miopes y de los corruptos que han visto en Ti una oportunidad para explotar, un condenado para criticar, un derrotado del que burlarse, otra ocasión para cargar sobre otros, e incluso sobre Dios, las propias culpas.

Sin embargo te pido, Hijo de Dios, que nos identifiquemos con el ladrón bueno que te ha mirado con ojos llenos de vergüenza, de arrepentimiento y de esperanza; que, con los ojos de la fe, ha visto en tu aparente derrota la divina victoria y así se ha arrodillado delante de tu misericordia y, con honestidad, ¡ha robado el paraíso! ¡Amén!

Viacrucis, 30 de marzo de 2018

Iglesia en salida

Dios y Padre nuestro,
que por medio de Jesucristo
has instituido tu Iglesia
sobre la roca de los apóstoles,
para que guiada por el Espíritu Santo
sea en el mundo signo e instrumento
de tu amor y misericordia,
te damos gracias por los dones
que has obrado en nuestra Iglesia en Lima.
Ayúdanos a ser Iglesia en salida,
acercándonos a todos,
en especial a los menos favorecidos;
enséñanos a ser discípulos misioneros
de Jesucristo, el Señor de los Milagros,
viviendo el amor, buscando la unidad
y practicando la misericordia
para que, protegidos por la intercesión
de Nuestra Señora de la Evangelización,
vivamos y anunciemos al mundo
el gozo del Evangelio.

Oración, 21 de enero de 2018

El nombre del Dios viviente

"Dios de Abraham, Dios de Isaac y Dios de Jacob".
Con este nombre te presentaste a Moisés
cuando le revelaste la voluntad
de liberar a tu pueblo de la esclavitud de Egipto.
Dios de Abraham, Dios de Isaac y Dios de Jacob:
Dios que establece un pacto con el hombre;
Dios que se une con un pacto de amor fiel, para siempre.
Misericordioso y compasivo
con todos los hombres y todas las personas
que sufren opresión.
Dios de caras y nombres.
Dios de cada uno de los trescientos treinta y cinco hombres
asesinados aquí el 24 de marzo de 1944,
cuyos restos descansan en estas tumbas.
Tú conoces sus caras y sus nombres.
Todos,
incluso los doce que aún permanecen desconocidos;
porque nadie es desconocido para ti.

Dios de Jesús, Padre nuestro que estás en el cielo.
Gracias a Él, el crucificado resucitado,
sabemos que tu nombre
"Dios de Abraham, Dios de Isaac y Dios de Jacob"
significa que no eres el Dios de los muertos,
sino de los vivos,
que tu pacto de amor fiel es más fuerte que la muerte
y es una garantía de resurrección.
Oh, Señor, en este lugar,
consagrado a la memoria de los muertos
por la libertad y la justicia,
haz que nos quitemos las sandalias
del egoísmo y la indiferencia,
y a través de la zarza ardiente de este mausoleo,
escuchemos tu nombre en silencio:
"Dios de Abraham, Dios de Isaac y Dios de Jacob",
Dios de Jesús, Dios de los vivos.
Amén.

Oración en el mausoleo de las fosas Ardeatinas,
2 de noviembre de 2017

Cristo negro

Oh, Cristo negro de Bojayá,
que nos recuerdas tu pasión y muerte;
junto con tus brazos y pies
te han arrancado a tus hijos
que buscaron refugio en ti.

Oh, Cristo negro de Bojayá,
que nos miras con ternura
y en tu rostro hay serenidad;
palpita también tu corazón
para acogernos en tu amor.

Oh, Cristo negro de Bojayá,
haz que nos comprometamos
a restaurar tu cuerpo.
Que seamos tus pies para salir al encuentro
del hermano necesitado;
tus brazos para abrazar
al que ha perdido su dignidad;
tus manos para bendecir y consolar

al que llora en soledad.
Haz que seamos testigos
de tu amor y de tu infinita misericordia.

Oración al Cristo negro de Bojayá,
Colombia, 8 de septiembre de 2017

Por los jóvenes

Señor Jesús,
te pedimos para que los jóvenes,
con audacia, se hagan cargo de su propia vida,
vean las cosas más hermosas y profundas
y conserven siempre el corazón libre.
Acompañados por guías sapientes y generosos,
ayúdalos a responder a la llamada
que Tú diriges a cada uno de ellos
para realizar el propio proyecto de vida
y alcanzar la felicidad.
Mantén abiertos sus corazones a los grandes sueños
y haz que estén atentos al bien de los hermanos.
Como el discípulo amado,
estén también ellos al pie de la cruz
para acoger a tu Madre, recibiéndola de Ti como un don.
Sean testigos de la resurrección
y sepan reconocerte vivo junto a ellos,
anunciando con alegría que Tú eres el Señor.
Amén.

Oración, 8 de abril de 2017

La misericordia del Padre

Señor Jesucristo,
Tú nos has enseñado a ser misericordiosos
como el Padre del cielo,
y nos has dicho que quien te ve, lo ve también a Él.
Muéstranos tu rostro y obtendremos la salvación.
Tu mirada llena de amor liberó a Zaqueo y a Mateo
de la esclavitud del dinero;
a la adúltera y a la Magdalena de buscar la felicidad
solamente en una criatura;
hizo llorar a Pedro luego de la traición,
y aseguró el paraíso al ladrón arrepentido.
Haz que cada uno de nosotros escuche como propias
las palabras que le dijiste a la samaritana:
¡Si conocieras el don de Dios!

Tú eres el rostro visible del Padre invisible,
del Dios que manifiesta su omnipotencia
sobre todo con el perdón y la misericordia:
haz que la Iglesia sea tu rostro visible en el mundo,
el rostro de su Señor resucitado y glorioso.

Tú has querido que también tus ministros
fueran revestidos de debilidad
para que sientan sincera compasión
por los que se encuentran en la ignorancia o en el error:
haz que quien se acerque a uno de ellos
se sienta esperado, amado y perdonado por Dios.

Manda tu Espíritu y conságranos a todos con su unción
para que el Jubileo de la Misericordia
sea un año de gracia del Señor
y tu Iglesia pueda, con renovado entusiasmo,
llevar la buena nueva a los pobres,
proclamar la libertad a los prisioneros y oprimidos
y restituir la vista a los ciegos.
Te lo pedimos por intercesión de María,
Madre de la misericordia,
a Ti que vives y reinas con el Padre y el Espíritu Santo,
por los siglos de los siglos.
Amén.

Oración para el Jubileo Extraordinario de la Misericordia,
8 de diciembre de 2015

Discípulos y misioneros

Señor, Tú dejaste en medio de nosotros a tu Madre, para que nos acompañara. Que Ella nos cuide, nos proteja en nuestro camino, en nuestro corazón, en nuestra fe. Que Ella nos haga discípulos, como lo fue Ella, y misioneros, como también lo fue Ella. Que nos enseñe a salir a la calle, que nos enseñe a salir de nosotros mismos.

Que Ella, con su mansedumbre, con su paz, nos indique el camino.

Oración, 25 de julio de 2013

Lo esencial

Te pido, Señor, una gracia para todos los cristianos.
Que el Señor nos dé a todos nosotros el valor
de despojarnos del espíritu del mundo,
que es la lepra, el cáncer de la sociedad.
Es el obstáculo para la revelación de Dios
y el enemigo de Jesús.
Danos esta gracia de despojarnos de todo esto.
Ayuda a todo cristiano, a la Iglesia,
a cada hombre y mujer de buena voluntad
a despojarse de lo que no es esencial
para ir al encuentro de quien es pobre
y pide ser amado.

Discurso, 4 de octubre de 2013

Oración por el agua

Señor,
haz que las aguas
no sean signo de separación entre los pueblos,
sino signo de encuentro para la comunidad humana.
Te pido salvaguardar
a quien arriesga la vida sobre las olas
buscando un futuro mejor.
Te pido, Señor, que ayudes a quienes realizan
el eminente servicio de la política,
que las cuestiones más delicadas de nuestra época
sean afrontadas con responsabilidad, previsión,
mirando al mañana,
con generosidad y espíritu de colaboración.
Recemos por cuantos se dedican al apostolado del mar,
para que garanticen un desarrollo integral
en la perspectiva del bien común
de toda la familia humana
y no de intereses particulares.
Te encomendamos las jóvenes generaciones,
para que crezcan en el conocimiento

y en el respeto de la casa común,
y con el deseo de cuidar del bien esencial del agua
en beneficio de todos.
Sostén a las comunidades cristianas
para que contribuyan
a que todos puedan disfrutar
de este recurso indispensable,
custodiando con respeto los dones recibidos del Creador.

Mensaje, 1 de septiembre de 2018

Auschwitz

¡Señor, ten piedad de tu pueblo!
¡Señor, perdón por tanta crueldad!

Visita a Auschwitz y al campo de Birkenau,
29 de julio de 2016

Un nuevo Pentecostés

Virgen María,
concédele a la Iglesia un Pentecostés renovado,
una renovada juventud que nos dé
la alegría de vivir y testimoniar el Evangelio
e infunda en nosotros un intenso anhelo de ser santos
para la mayor gloria de Dios.

Regina Coeli, 20 de mayo de 2018

Nadie excluido

Señor, por intercesión de la Virgen María,
te pido deshacer la dureza de los corazones
y la estrechez de las mentes,
para que estemos abiertos a tu gracia, a tu verdad
y a tu misión de bondad y misericordia,
dirigida a todos,
sin ninguna exclusión.

Ángelus, 8 de julio de 2018

Hombres y mujeres de oración

Los santos han combatido con la oración
la buena batalla de la fe y del amor,
permaneciendo firmes en la fe
con el corazón generoso y fiel.
Señor, con su ejemplo e intercesión,
concédenos también a nosotros
ser hombres y mujeres de oración;
gritar día y noche a Ti, sin cansarnos;
dejar que el Espíritu Santo ore en nosotros,
y orar sosteniéndonos unos a otros
para permanecer con los brazos levantados,
hasta que triunfe la misericordia divina.

Homilía, 16 de octubre de 2016

Fieles a las promesas

Junto a mí, las familias de toda la Iglesia
te agradecen, Señor,
por el don de la fe
y la gracia del matrimonio cristiano.
Nos comprometemos contigo
a servir la llegada de tu reino de santidad,
justicia y paz,
con la fidelidad a las promesas que hemos hecho
y con la constancia en el amor.

Discurso, 25 de agosto de 2018

Sal y luz de la tierra

Al final del día te pregunto, Señor:
"¿He sido sal hoy? ¿He sido luz?".
Ayúdanos a comprender
que esta es la santidad de todos los días.

Homilía en Santa Marta, 12 de junio de 2018

Hijo pródigo

Virgen María, refugio de los pecadores,
haz surgir en nuestros corazones
la confianza que se encendió
en el corazón del hijo pródigo:
"Me levantaré, iré a mi padre y le diré:
Padre, pequé".
Ayúdanos por este camino,
para dar alegría a Dios,
para que su alegría
pueda convertirse en su fiesta y la nuestra.

Ángelus, 11 de septiembre de 2016

Para la Iglesia y el mundo

Beata Virgen María, auxilio de los cristianos,
te pido por todos los fieles católicos que viven en China.
Ayúdalos a vivir la fe con generosidad y serenidad,
y para que sepan cumplir gestos concretos de fraternidad,
concordia y reconciliación,
en plena comunión con el sucesor de Pedro.
Invoco tu intercesión
para que el Señor pueda conceder paz y misericordia
a la Iglesia y al mundo entero.

Audiencia, 23 de mayo de 2018

Pan partido

Que la Virgen María
sostenga nuestro propósito
de hacer comunión con Jesucristo,
nutriéndonos de su eucaristía,
para convertirnos, a su vez, en pan partido
para los hermanos.

Ángelus, 19 de agosto de 2018

Padres e hijos

Señor,
quédate cerca de los padres.
Haz que sean felices con sus hijos,
que tengan alegría en la casa y esperanza.
Envíales tu bendición.

Discurso, 14 de diciembre de 2014

A Madre Teresa

Madre Teresa,
ayúdanos a comprender cada vez más
que nuestro único criterio de acción
es el amor gratuito,
libre de toda ideología y de todo vínculo
y derramado sobre todos
sin distinción de lengua, cultura, raza o religión.
Haz que, llevando tu sonrisa en nuestro corazón
y entregándola a todos los que encontremos
en nuestro camino,
especialmente a los que sufren,
abramos horizontes de alegría y esperanza
a toda esa humanidad desanimada
y necesitada de comprensión y ternura.

Homilía, 4 de septiembre de 2016

Libéranos, Señor

Señor, líbranos de vivir por lo bajo,
contentándonos con verdades a medias.
Las verdades a medias no sacian el corazón,
no hacen bien.
Líbranos de una vida pequeña,
que gira en torno a lo "menudo".
Líbranos de pensar que todo está bien
si a mí me va bien y que los demás se las arreglen.
Líbranos de creer que somos justos si no hacemos nada
para contrarrestar la injusticia.
El que no hace nada para contrarrestar la injusticia
no es un hombre o una mujer justo.
Líbranos de creer que somos buenos
solo porque no hacemos nada malo.
Señor, danos el deseo de hacer el bien;
de buscar la verdad que detesta la falsedad;
de elegir el sacrificio, no la pereza;
el amor, no el odio; el perdón, no la venganza.

Homilía, 15 de septiembre de 2018

Hacia Belén

Virgen María,
ayúdanos a apresurar el paso hacia Belén
para encontrar al Niño que nació por nosotros,
por la salvación y la alegría de todos los hombres.
El Ángel te dijo:
"Alégrate, llena de gracia, el Señor está contigo".
Concédenos vivir la alegría del Evangelio en la familia,
en el trabajo, en la parroquia y en cada ambiente.
Una alegría íntima,
hecha de asombro y ternura,
como la que experimenta una mamá
cuando contempla a su niño recién nacido
y siente que es un don de Dios,
un milagro por el cual solo se puede agradecer.

Ángelus, 15 de diciembre de 2013

Delante del Niño Jesús

Conmovidos por la alegría del don,
pequeño Niño de Belén,
te pedimos que tu llanto
despierte nuestra indiferencia,
abra nuestros ojos ante el que sufre.
Que tu ternura despierte nuestra sensibilidad
y nos mueva a sabernos invitados a reconocerte
en todos aquellos que llegan a nuestras ciudades,
a nuestras historias, a nuestras vidas.
Que tu ternura revolucionaria
nos convenza a sentirnos invitados,
a hacernos cargo de la esperanza
y de la ternura de nuestros pueblos.

Homilía, 24 de diciembre de 2017

Indiferencia

Señor,
quita lo que haya quedado de Herodes
en nuestro corazón;
danos, Señor, la gracia de llorar por nuestra indiferencia,
de llorar por la crueldad que hay en el mundo,
en nosotros,
también en aquellos que en el anonimato
toman decisiones socioeconómicas.
"¿Quién ha llorado hoy en el mundo?".
Padre, te pedimos perdón
por la indiferencia hacia tantos hermanos y hermanas,
te pedimos perdón por quien se ha acomodado
y se ha encerrado en su propio bienestar
que anestesia el corazón,
te pedimos perdón por aquellos que,
con sus decisiones a nivel mundial,
han creado situaciones
que llevan a estos dramas.
¡Perdón, Señor!
Señor, que escuchemos también hoy

tus preguntas:

"Adán, ¿dónde estás?".

"¿Dónde está la sangre de tu hermano?".

Homilía en Lampedusa, 8 de julio de 2013

Como el buen samaritano

Virgen María, ayúdanos a caminar
por la vía del amor,
el amor generoso hacia los demás,
la vía del buen samaritano.
Ayúdanos a vivir el mandamiento principal
que Cristo nos ha dejado.
Este es el camino para entrar en la vida eterna.

Ángelus, 10 de julio de 2016

Un paso adelante

Danos, Señor, la gracia de no vacilar
cuando el Espíritu nos reclame
que demos un paso adelante;
concédenos el valor apostólico
de comunicar el Evangelio a los demás
y de renunciar a hacer de nuestra vida
un museo de recuerdos.
En todo caso, dejemos que el Espíritu Santo
nos haga contemplar la historia
en la clave de Jesús resucitado.
De ese modo, la Iglesia, en lugar de estancarse,
podrá seguir adelante acogiendo las sorpresas del Señor.

Gaudete et exsultate, 19 de marzo de 2018

Por las víctimas de abusos

María, madre nuestra y Madre de la Iglesia,
hoy te confiamos el camino del fiel pueblo de Dios.
Te pedimos
que las familias encuentren apoyo en sus esfuerzos
por difundir el reino de Cristo
y por ocuparse de los últimos
de nuestros hermanos y hermanas.
Que en medio de los vientos y las tempestades
que azotan nuestros tiempos,
sean las familias baluartes de fe y de bondad que
resisten a todo lo que pretende disminuir
la dignidad del hombre y de la mujer
creados a imagen de Dios
y llamados al sublime destino de la vida eterna.
Mira con misericordia
a todos los miembros de la familia de tu Hijo.
Señor, imploro tu perdón por estos pecados,
por el escándalo y la traición
sentida por tantos en la familia de Dios.
Madre Santísima,

intercede por todas las personas que han sobrevivido
al abuso de cualquier tipo
y confirma a cada miembro de la familia cristiana
con el propósito decidido
de no permitir nunca más
que estas situaciones se vuelvan a repetir;
y también, intercede por todos nosotros,
para que podamos proceder siempre con justicia y reparar,
en lo que dependa de nosotros, tanta violencia.

Ángelus durante el viaje a Irlanda, 26 de agosto de 2018

Acto penitencial

Pedimos perdón por los abusos en Irlanda, abusos de poder y de conciencia, abusos sexuales por parte de miembros cualificados de la Iglesia.

De manera especial, pedimos perdón por todos los abusos cometidos en diversos tipos de instituciones dirigidas por religiosos y religiosas y otros miembros de la Iglesia. Y pedimos perdón por los casos de explotación laboral a que fueron sometidos tantos menores.

Pedimos perdón por las veces que, como Iglesia, no hemos brindado a los sobrevivientes de cualquier tipo de abuso compasión, búsqueda de justicia y verdad, con acciones concretas. Pedimos perdón.

Pedimos perdón por algunos miembros de la jerarquía que no se hicieron cargo de estas situaciones dolorosas y guardaron silencio. Pedimos perdón.

Pedimos perdón por los chicos que fueron alejados de sus madres y por todas aquellas veces en las cuales se decía a muchas madres solteras que trataron de buscar a sus hijos que les habían sido alejados, o a los hijos que buscaban a sus madres, decirles que "era pecado mortal". ¡Esto no es pecado mortal, es el cuarto mandamiento! Pedimos perdón.

Señor, mantén y acrecienta este estado de vergüenza y de compunción, y danos la fuerza para comprometernos a trabajar para que nunca más suceda y para que se haga justicia. Amén.

Homilía en Irlanda, 26 de agosto de 2018

Una verdadera conversión

Espíritu Santo:

Guíanos a realizar un verdadero camino de conversión, para redescubrir el don de la Palabra de Dios, ser purificados del pecado que nos ciega y servir a Cristo presente en los hermanos necesitados.

Ayúdanos a rezar unos por otros para que, participando de la victoria de Cristo, sepamos abrir nuestras puertas a los débiles y a los pobres.

Entonces, viviremos y daremos un testimonio pleno de la alegría de la Pascua.

Mensaje, 18 de octubre de 2016

Sabiduría

Espíritu Santo, danos la sabiduría del tiempo,
la sabiduría del final,
la sabiduría de la resurrección,
la sabiduría del encuentro eterno con Jesús,
para que podamos comprender la sabiduría
que hay en nuestra fe.
Haznos conscientes de que la cita con Cristo
será un día de alegría.
Señor, prepáranos para nuestra muerte
y haz que cada uno de nosotros sepa hoy
que no permanecerá eternamente en la tierra
y que el mundo también terminará.

Homilía en Santa Marta, 27 de noviembre de 2018

Por el mundo de hoy

Te rogamos, Señor,

para que el lenguaje del corazón y del diálogo prevalezca siempre sobre el lenguaje de las armas;

para que los que tienen un poder material, político o espiritual no se dejen dominar por la corrupción;

para que las importantes decisiones económicas y políticas protejan a las familias como una riqueza de la humanidad;

para que las redes sociales no anulen la personalidad, sino que favorezcan la solidaridad y el respeto a las diferencias de los demás;

para que los creyentes laicos cumplan su específica misión, poniendo su creatividad al servicio de los desafíos del mundo actual;

por el mundo del trabajo, para que se les garantice a todos el respeto y la protección de sus derechos y se les dé a los desempleados la posibilidad de contribuir con su trabajo a la edificación del bien común;

por nuestros hermanos que se han alejado de la fe, para que, a través de nuestra oración y testimonio evangélico, puedan descubrir otra vez la belleza de la vida cristiana;

por los jóvenes, para que sepan responder con generosidad a su vocación y sepan actuar en los asuntos importantes del mundo;

por aquellos que están en dificultades, sobre todo los pobres, los prófugos y los marginados, para que encuentren acogida y consuelo en nuestras comunidades;

para que cada uno contribuya al bien común y a la edificación de una sociedad que ponga en el centro a la persona humana;

para que cuidemos a la creación, recibida como don gratuito, cultivándola y protegiéndola para las generaciones futuras;

para que los responsables del pensamiento y de la gestión de la economía tengan el coraje de rechazar una economía de exclusión y sepan abrir nuevos caminos.

Amén.

Videomensajes, 2016-2018

Cerca de nosotros

Virgen Santa,
alcánzanos la alegría de servir al Señor
y de caminar en la libertad que Él nos ha dado:
adoración, oración y servicio a los demás.
María, ayúdanos a ser Iglesia materna,
Iglesia acogedora y atenta con todos.
Quédate siempre junto a nosotros, a nuestros enfermos,
a nuestros ancianos, que son la sabiduría del pueblo,
a nuestros jóvenes.
Sé un signo de consuelo
y de esperanza segura para todo nuestro pueblo.
María, acompáñanos, ayúdanos, consuélanos,
danos paz y alegría.

Homilía, 5 de julio de 2014

Ayuda para los demás

María Santísima,
que acoge bajo su manto
a todas las personas cansadas y agobiadas,
permite que mi fe iluminada,
testimoniada en la vida, me ayude a ser un alivio
para cuantos tienen necesidad de ayuda, de ternura,
de esperanza.

Ángelus, 6 de julio de 2014

Hermanos y hermanas

Te confío, María Santísima,
los dramas y las esperanzas
de muchos hermanos y hermanas nuestros,
excluidos, débiles, rechazados, despreciados,
también los que son perseguidos a causa de la fe,
e invoco tu protección.

Ángelus, 12 de octubre de 2014

La tentación de la autonomía

Señor,
por intercesión de la Virgen María,
Madre de la Iglesia,
danos la gracia de no caer nunca en la tentación
de pensar que podemos prescindir de los demás,
que podemos prescindir de la Iglesia,
que podemos salvarnos por nosotros mismos,
de ser cristianos de laboratorio.

Audiencia, 25 de junio de 2014

Madre de esperanza

¡Te debemos mucho, Madre nuestra!
En ti, Inmaculada,
presente en cada momento de la historia de la salvación,
vemos un testimonio sólido de esperanza.
Tú nos sostienes en los momentos de oscuridad,
de dificultad, de desaliento,
de aparente fracaso o de auténticas derrotas humanas.
María, esperanza nuestra,
ayúdanos a hacer de nuestra vida
una ofrenda agradable al Padre celestial,
y un don gozoso para nuestros hermanos,
con una actitud que mira siempre al mañana.

Discurso, 21 de noviembre de 2013

Escucha y espera

Virgen María,
Madre de la esperanza y Reina del cielo,
mantennos siempre en una actitud
de escucha y de espera,
para poder ser ya, ahora,
permeados por el amor de Cristo,
y participar un día de la alegría sin fin,
en la plena comunión de Dios.
Y así estaremos siempre con el Señor.

Discurso, 15 de octubre de 2014

Por la paz

María, Madre dulce y cariñosa,
obtén la bendición del Señor para toda la familia humana.
De manera especial hoy, Jornada Mundial de la Paz,
invocamos tu intercesión
para que el Señor *nos dé la paz en nuestros días*:
paz en nuestros corazones,
paz en las familias,
paz entre las naciones.
Todos estamos llamados a ser libres, todos a ser hijos
y, cada uno de acuerdo con su responsabilidad,
a luchar contra las formas modernas de esclavitud.
Sostennos Tú, Señor,
que para hacernos a todos hermanos,
te hiciste nuestro servidor.

Homilía por la XLVIII Jornada Mundial de la Paz,
1 de enero de 2015

Verdaderos cristianos

¡Oh, María!, haznos sentir tu mirada de Madre,
guíanos a tu Hijo,
haz que no seamos cristianos "de escaparate",
sino de los que saben mancharse las manos para construir
con tu Hijo Jesús su reino de amor, de alegría y de paz.

Videomensaje, 12 de octubre de 2013

Llamas de esperanza

Señor,
haz que tantas llamitas
dispersen las tinieblas de la guerra.
Te ruego, ayuda a los cristianos a permanecer en Siria
y en Oriente Medio
como testigos de misericordia,
de perdón y de reconciliación.
Reparte esperanza también a todos aquellos
que sufren en estos días conflictos y tensiones
en otras partes del mundo, cercanas y lejanas.
Haz que la oración de la Iglesia
los ayude a sentir la proximidad del Dios fiel
y toque toda conciencia
por un compromiso sincero para la paz.
Perdona a los que hacen la guerra,
a los que hacen armas para destruirse
y convierte sus corazones.

Ángelus, 2 de diciembre de 2018

Vida cotidiana

San José, María,
enséñennos a ser fieles
a nuestros compromisos cotidianos,
a vivir nuestra fe en las acciones de cada día
y a dejar más espacio al Señor en nuestra vida,
a detenernos para contemplar su rostro.

Audiencia, 1 de mayo de 2013

La salvación de Jesús

Jesús, haz que todos esos corazones que sufren la guerra,
la persecución y la esclavitud
oigan tu poder que es liberación y servicio.
Con tu mansedumbre,
extirpa la dureza de corazón
de muchos hombres y mujeres
sumidos en lo mundano y la indiferencia,
en la globalización de la indiferencia.
Que tu fuerza redentora transforme las armas en arados,
la destrucción en creatividad,
el odio en amor y ternura.
Así podremos decir con júbilo:
"Nuestros ojos han visto tu salvación".

Mensaje urbi et orbi, Navidad 2014

Pequeñez e inmensidad

Te bendecimos, Señor, Dios Altísimo,
que te has despojado de tu rango por nosotros.
Tú eres inmenso y te has hecho pequeño;
eres rico y te has hecho pobre;
eres omnipotente y te has hecho débil.

Homilía, 24 de diciembre de 2013

El primer paso

Señor, te pedimos la gracia
de no encerrarnos con un corazón endurecido,
reclamando siempre a los demás,
sino dar el primer paso en la oración,
en el encuentro fraterno, en la caridad concreta.
Así seremos más semejantes a Ti,
que amas sin esperar nada a cambio.
Derrama sobre nosotros el Espíritu de la unidad.

Homilía, 21 de junio de 2018

El don de la paz

Desde todos los rincones de la tierra,
los creyentes elevan hoy la oración para pedirte, Señor,
el don de la paz y la capacidad de llevarla a cada lugar.
En este primer día del año,
ayúdanos a encaminarnos todos con más firmeza
por las sendas de la justicia y de la paz,
empezando en casa, entre nosotros,
y luego se sigue adelante, a toda la humanidad.
Espíritu Santo, actúa en nuestro corazón,
rompe las cerrazones y las durezas
y concédenos enternecernos
ante la debilidad del Niño Jesús.
Ayúdanos a cultivar la fuerza de la mansedumbre,
la fuerza no violenta de la verdad y del amor,
que son necesarias para obtener la paz.

Ángelus, 1 de enero de 2014

Como los Reyes Magos

Señor,
concédenos vivir
el mismo camino de conversión que vivieron los Magos.
Defiéndenos y líbranos
de las tentaciones que oscurecen la estrella.
Ayúdanos a tener siempre la inquietud de preguntarnos
¿dónde está la estrella?
cuando, en medio de los engaños mundanos,
la hayamos perdido de vista.
Haz que aprendamos a conocer siempre
de nuevo tu misterio,
que no nos escandalicemos
con la "señal" anunciada por los ángeles:
"… un niño envuelto en pañales
y acostado en un pesebre",
y enséñanos a tener la humildad de pedir a la Madre,
a nuestra Madre, que nos lo muestre.
Enséñanos a encontrar el valor
de liberarnos de nuestras ilusiones,
de nuestras presunciones, de nuestras "luces",

y a buscarlo en la humildad de la fe
y así encontremos la Luz, *Lumen*,
como han hecho los santos Magos.
Que podamos entrar en el misterio.
Que así sea.

Homilía, 6 de enero de 2015

Amados por Dios

María, Madre de misericordia,
pon en nuestro corazón la certidumbre
de que somos amados por Dios.
Quédate a nuestro lado cuando nos sentimos solos,
cuando estamos tentados de rendirnos
ante las dificultades de la vida.
Cuéntanos los sentimientos de tu hijo Jesús
para que nuestro camino cuaresmal
se convierta en una experiencia de perdón,
acogida y caridad.

Ángelus, 11 de marzo de 2018

Cada nueva vida

Virgen Santa, ayúdanos a comprender
que en cada persona humana está la impronta de Dios,
fuente de la vida.
Madre de Dios y Madre nuestra,
haznos más conscientes
de que en la generación de un hijo,
los padres actúan como colaboradores del Señor,
realizando una misión sublime
que hace de cada familia un santuario de la vida.
Haz que cada nacimiento de un hijo
despierte siempre la alegría, el asombro, la gratitud.

Ángelus, 24 de junio de 2018

Ciudad Eterna

Madre Inmaculada,
en el día de tu fiesta, tan querida por el pueblo cristiano,
vengo a rendirte homenaje en el corazón de Roma.
En mi alma traigo a los fieles de esta Iglesia.
Y a todos los que viven en esta ciudad,
especialmente los enfermos
y a cuantos por diferentes situaciones
les cuesta salir adelante.

En primer lugar, queremos agradecerte
por el cuidado materno
con el que nos acompañas en nuestro camino:
¡cuántas veces oímos hablar con lágrimas en los ojos,
de aquellos que han experimentado tu intercesión,
por las gracias que pides para nosotros a tu Hijo Jesús!
También pienso en una gracia ordinaria
que das a la gente que vive en Roma:
la de afrontar con paciencia
los inconvenientes de la vida cotidiana.
Pero por eso te pedimos la fuerza para no resignarnos,

es más, para hacer cada día cada uno su parte
para mejorar las cosas,
para que el cuidado de cada uno
haga que Roma sea más bella y habitable para todos;
para que el deber bien hecho por cada uno
asegure los derechos de todos.
Y pensando en el bien común de esta ciudad,
te rezamos por aquellos
que tienen roles de mayor responsabilidad:
obtén para ellos sabiduría, la amplitud de miras,
el espíritu de servicio y de colaboración.

Santa Virgen,
quisiera confiarte en modo particular
a los sacerdotes de esta diócesis:
los párrocos, los vicepárrocos, los sacerdotes ancianos
que con el corazón de pastores
continúan trabajando por el pueblo de Dios.
A los muchos sacerdotes estudiantes de todo el mundo
que colaboran en las parroquias.
Para todos ellos, te pido la dulce alegría de evangelizar
y el don de ser padres,
cercanos a la gente, misericordiosos.

A ti, mujer, consagrada a Dios, confío a las mujeres
consagradas a la vida religiosa y secular,
que, gracias a Dios, en Roma son muchas,
más que en cualquier otra ciudad del mundo,

y forman un mosaico estupendo
de nacionalidades y culturas.
Para ellas, te pido la alegría de ser, como Tú,
esposas y madres,
fecundas en la oración, en la caridad, en la compasión.

Oh, Madre de Jesús,
una última cosa te pido, en este tiempo de Adviento,
pensando en los días
en los que Tú y José estaban nerviosos
por el nacimiento ya inminente de vuestro hijo,
preocupados porque existía el censo y ustedes también
tenían que dejar su país, Nazaret, e ir a Belén…
Tú sabes, Madre, lo que significa llevar en el seno la vida
y sentir alrededor la indiferencia, el rechazo,
a veces el desprecio.
Por eso te pido que estés junto a las familias que hoy,
en Roma, en Italia, en todo el mundo,
viven situaciones similares,
para que no estén abandonadas a sí mismas,
sino tuteladas en sus derechos,
derechos humanos que preceden a cada exigencia
incluso legítima.

Oh, María Inmaculada,
Amanecer de la esperanza en el horizonte de la humanidad.
Vela por esta ciudad,
en los hogares, las escuelas, las oficinas, los comercios,

en las fábricas, hospitales, cárceles;
que no falte en ninguna parte
lo que Roma tiene más preciado,
y que conserva para el mundo entero,
el testamento de Jesús:
"… que como Yo los he amado,
así también se amen los unos a los otros".
Amén.

Oración, 8 de diciembre de 2018

Siempre fiel

Virgen María, mujer de la espera y la oración
que nos traes a Jesús,
ayúdanos a fortalecer nuestra esperanza
en las promesas de tu Hijo,
para que experimentemos que,
a través de las pruebas de la historia,
Dios permanece fiel
y se sirve incluso de los errores humanos
para manifestar su misericordia.

Ángelus, 2 de diciembre de 2018

Navidad extrovertida

María,
danos la gracia de vivir una Navidad *extrovertida*,
pero no dispersa,
porque en el centro no está nuestro "yo",
sino el Tú de Jesús y el tú de los hermanos,
especialmente aquellos que necesitan ayuda.
Entonces dejaremos espacio al amor que, también hoy,
quiere hacerse carne y venir a vivir entre nosotros.

Ángelus, 23 de diciembre de 2018

Capaces de perdonar

Espíritu Santo,
derrama sobre nosotros el don de la fortaleza
que cura nuestros miedos, nuestras debilidades,
nuestras pequeñeces
y agranda nuestro corazón para perdonar.
¡Perdonar siempre!
María y san Esteban,
intercedan por nosotros,
ayúdennos a confiar en Dios,
especialmente en los momentos difíciles,
y apóyennos en el propósito
de ser hombres y mujeres capaces de perdonar.

Ángelus, 26 de diciembre de 2018

En la enfermedad

María, Madre de la ternura,
queremos confiarte todos los enfermos
en el cuerpo y en el espíritu
para que los sostengas en la esperanza.
Ayúdanos a acoger a nuestros hermanos enfermos;
ayuda a las personas enfermas a vivir su sufrimiento
en comunión con el Señor Jesús
y apoya a quienes cuidan de ellas.

Mensaje para la XXVI Jornada Mundial del Enfermo,
26 de noviembre de 2017

Vamos a Belén

"Vayamos, pues, a Belén":
así lo dijeron y lo hicieron los pastores.
También yo, Señor, quiero ir a Belén.
El camino todavía es en subida:
se debe superar la cima del egoísmo,
es necesario no resbalar
en los barrancos de la mundanidad
y del consumismo.
Quiero llegar a Belén, Señor,
porque es allí donde me esperas.
Y darme cuenta de que Tú, recostado en un pesebre,
eres *el pan de mi vida*.
Necesito la fragancia tierna de tu amor
para ser, yo también, pan partido para el mundo.
Tómame sobre tus hombros, buen Pastor:
si me amas, yo también podré amar
y tomar de la mano a los hermanos.
Entonces será Navidad, cuando podré decirte:
"Señor, Tú lo sabes todo, Tú sabes que te amo".

Homilía, 24 de diciembre de 2018

Prepararse para la Navidad

Ven con tu poder, Señor,
para encontrarnos, salvarnos, como a la oveja descarriada,
y a llevarnos de regreso a la grey de tu Iglesia.
Danos la gracia de esperar la Navidad
con nuestras heridas,
con nuestros pecados sinceramente reconocidos,
de esperar en el poder que viene a consolarnos,
tu poder que es la ternura,
las caricias que nacen de tu corazón,
tu corazón tan bueno que ha dado la vida por nosotros.

Homilía en Santa Marta, 6 de diciembre de 2016

Dejarlo todo

Señor, te pedimos la gracia
de hacer como Pedro y Andrés, Santiago y Juan,
que dejaron barco, red, padre, familia;
la gracia de abandonar todo lo que
nos impida continuar proclamando,
renunciando a actitudes, pecados y vicios
que todos conocemos bien;
la gracia de alejarnos de todo esto
para ser más coherentes y anunciar a Jesucristo,
para que la gente pueda creer con nuestro testimonio.

Homilía en Santa Marta, 30 de noviembre de 2018

La sacralidad de la familia

Sagrada Familia de Nazaret,
reconozcamos todos
el carácter sagrado de la familia,
su belleza en el diseño de Dios.

Twitter, 30 de diciembre de 2016

San Patricio

Junto a san Patricio, repitamos con alegría:
"Cristo en mí,
Cristo detrás de mí, Cristo junto a mí,
Cristo debajo de mí, Cristo sobre mí".
Con la alegría y la fuerza conferida por el Espíritu Santo,
te decimos con confianza:
"Señor, ¿a quién vamos a acudir?
Tú tienes palabras de vida eterna".

Homilía, 26 de agosto de 2018

Por las familias

María, Madre nuestra,
Reina de la familia y de la paz,
apoya a los padres y los hijos en el camino de la vida,
el amor y la felicidad.

Fiesta de la familia, 25 de agosto de 2018

Buenos propósitos

A Ti, María, Madre de Dios y Madre nuestra,
presentamos nuestros buenos propósitos.
Te pedimos que extiendas sobre nosotros,
y sobre cada uno de los días del nuevo año,
el manto de tu protección maternal.

Ángelus, 1 de enero de 2015

Madre del cielo

Madre del cielo, escucha la voz de tus hijos, que humildemente invocan tu nombre.

Virgen de la esperanza, a Ti confiamos el camino de los creyentes en la noble tierra de China. Te pedimos que presentes al Señor de la historia las tribulaciones y las fatigas, las súplicas y las esperanzas de los fieles que te rezan, oh, Reina del cielo.

Madre de la Iglesia, te consagramos el presente y el futuro de las familias y de nuestras comunidades. Protégelas y ayúdalas en la reconciliación fraterna y en el servicio hacia los pobres que bendicen tu nombre, oh, Reina del cielo.

Consoladora de los afligidos, nos dirigimos a Ti para que seas refugio de los que lloran en la hora de la prueba. Vela sobre tus hijos que alaban tu nombre, haz que lleven juntos el anuncio del Evangelio. Acompaña sus pasos por un mundo más fraterno, haz que todos lleven la alegría del perdón, oh, Reina del cielo.

Mensaje a los católicos chinos y a la Iglesia universal,
26 de septiembre de 2018

Misterio

Señor,
acércanos más a tu misterio,
y hazlo por el camino que Tú quieres que recorramos:
la senda de la humildad, la senda de la mansedumbre,
la senda de la pobreza,
la senda de sentirnos pecadores…
Y entonces ven a salvarnos, a liberarnos.

Homilía en Santa Marta, 2 de diciembre de 2014

De la mano de María

Tómanos de la mano, María.
Aferrados a Ti
superaremos los recodos más estrechos de la historia.
Llévanos de la mano
para redescubrir los lazos que nos unen.
Reúnenos juntos bajo tu manto,
en la ternura del amor verdadero,
donde se reconstituye la familia humana:
"Bajo tu protección nos acogemos,
Santa Madre de Dios".

Homilía, 1 de enero de 2019

La oración de los cinco dedos

Pulgar:

Rezamos por las personas más cercanas a nosotros. Son las más fáciles de recordar. Orar por los que amamos es "una dulce tarea".

Índice:

Rezamos por aquellos que enseñan, educan y curan: maestros, profesores, médicos y sacerdotes. Ellos necesitan apoyo y sabiduría al conducir a otros por la dirección correcta.

Medio:

Rezamos por nuestros gobernantes, el presidente, los parlamentarios, los empresarios y los dirigentes. Son las personas que gestionan el destino de nuestra patria y guían la opinión pública… Ellos necesitan la dirección divina.

Anular:

Ese dedo es el mas débil, nos recuerda orar por los mas débiles, los enfermos y atormentados por problemas.

Necesitan nuestras oraciones día y noche. Rezamos también por las parejas casadas.

El meñique, el más pequeño:

También rezamos por nosotros mismos, sintiéndonos pequeños frente a Dios y al prójimo. Cuando hayamos terminado de orar por todos los demás, entenderemos mejor cuáles son nuestras propias necesidades y aparecerán en una perspectiva correcta.

Escrita cuando el papa Francisco era obispo de Buenos Aires

El asombro por el Niño

María, humilde y pobre hija de Sion,
convertida en Madre del Hijo del Altísimo,
ayúdanos a percibir el asombro
por el nacimiento de Jesús,
el don de los dones,
el regalo inmerecido que nos trae la salvación.

Ángelus, 20 de diciembre de 2015

Nuestra Señora de Bonaria

Beatísima Virgen y Nuestra Señora de Bonaria,
a Ti, con mucha confianza,
consagro cada uno de tus hijos.
Tú nos conoces y nosotros sabemos que nos amas mucho.

Hoy, tras haber adorado a tu hijo Jesucristo,
nuestro hermano mayor y nuestro Dios,
te pido orientar tu mirada
hacia todos y cada uno.

Te ruego por cada familia
de esta ciudad y de esta región.

Te invoco por los niños y los jóvenes,
por los mayores y los enfermos,
por los que están solos
y por los que están en la cárcel;
por los que tienen hambre
y por quien no tiene trabajo;
por los que han perdido la esperanza

y por los que no tienen fe.
Te suplico también por los gobernantes
y por los educadores.

Madre nuestra, cuida a todos con ternura
y danos tu fuerza y mucho consuelo.
Somos tus hijos: nos ponemos bajo tu protección.
No nos dejes solos
en el momento del dolor y de la prueba.
Confiamos en tu corazón maternal
y te consagramos todo lo que somos y poseemos.
Y sobre todo, Madre dulcísima, revélanos a Jesús
y enséñanos a hacer siempre y solamente
lo que Él nos diga.
Amén.

Acto de consagración a Nuestra Señora de Bonaria,
22 de septiembre de 2013

Por las víctimas del terrorismo

Dios omnipotente y misericordioso, Señor del universo y de la historia humana.

Todo lo que has creado es bueno, y tu compasión por el hombre, que te abandona una y otra vez, es inagotable.

Venimos hoy a implorarte que ampares al mundo y a sus habitantes con la paz, alejando de él el destructivo oleaje del terrorismo, restaurando la amistad y derramando en los corazones de tus criaturas el don de la confianza y la prontitud para perdonar.

Dador de la vida, te pedimos también por todos los que han muerto, víctimas de los brutales ataques terroristas. Concédeles la recompensa y la alegría eternas. Que intercedan por el mundo, sacudido por la angustia y desgracias.

Jesús, Príncipe de la Paz, te rogamos por los heridos en los ataques terroristas: los niños y los jóvenes, las mujeres y los hombres, los ancianos, las personas inocentes y los que han sido agredidos por casualidad. Sana su cuerpo y el corazón, que se sientan fortalecidos por tu consuelo, aleja de ellos el odio y el deseo de venganza.

Santo Espíritu Consolador, visita a las familias que lloran la pérdida de sus familiares, víctimas inocentes de la violencia y el terrorismo. Cúbrelos con el manto de tu divina misericordia. Que encuentren en Ti la fuerza y el valor para continuar siendo hermanos y hermanas de los demás, especialmente de los extranjeros y los inmigrantes, testimoniando con su vida tu amor.

Mueve los corazones de los terroristas para que reconozcan la maldad de sus acciones y vuelvan a la senda de la paz y el bien, el respeto por la vida y la dignidad de cada ser humano, independientemente de su religión, origen o estatus social.

Dios, Eterno Padre, escucha compasivo esta oración que se eleva hacia Ti entre el estruendo y la desesperación del mundo. Llenos de confianza en tu infinita Misericordia, confiando en la intercesión de tu Santísima Madre, fortalecidos con el ejemplo de los beatos mártires de Perú, Zbigniewa y Michała, que has convertido en valientes testigos del Evangelio hasta derramar su sangre, nos dirigimos a Ti con gran esperanza, suplicando el don de la paz y pidiendo que alejes de nosotros el látigo del terrorismo.

Por Jesucristo, nuestro Señor.

Amén.

Oración durante la XXXI Jornada Mundial de la Juventud,
30 de julio de 2016

Corazón sencillo

Hoy todos juntos te pedimos, Señor,
la gracia de un corazón sencillo,
que cree y vive en la gentil fuerza del amor.
Concédenos vivir con la serena y total confianza
en tu misericordia.

Homilía, 1 de octubre de 2016

La cita con Jesús

Virgen María, Tú que eres la "sierva del Señor",
ayúdanos a escuchar la voz de Dios en la oración
y a servirle con compasión en nuestros hermanos,
para llegar listos a la cita con la Navidad,
preparando nuestro corazón para acoger a Jesús.

Ángelus, 11 de diciembre de 2016

Estrella del mar

Oh, María, estrella del mar,
una vez más necesitamos tu ayuda
para encontrar refugio y serenidad,
para implorar protección y socorro.

Madre de Dios y Madre nuestra,
mira con tus ojos dulces
a todos los que cada día
enfrentan los peligros del mar
para garantizar a sus familias
el sustento necesario para la vida,
para proteger el respeto por la creación,
para servir la paz entre los pueblos.

Protectora de los migrantes y de los itinerantes,
ayuda con cuidado maternal a los hombres,
las mujeres y los niños
obligados a huir de sus tierras
buscando un futuro y esperanza.

Que el encuentro con nosotros y nuestros pueblos
no se convierta en causa
de nuevas y más pesadas esclavitudes y humillaciones.

Madre de misericordia,
pide perdón por nosotros que,
cegados por el egoísmo, atraídos por nuestros intereses
y prisioneros de nuestros miedos,
no estamos atentos a las necesidades
y los sufrimientos de los hermanos.

Refugio de pecadores,
consigue la conversión del corazón
de quien genera guerras, odio y pobreza,
explota a los hermanos y sus debilidades,
hace indigno comercio de la vida humana.

Modelo de caridad,
bendice a los hombres y las mujeres de buena voluntad,
que acogen y sirven
a los que desembarcan en esta tierra:
que el amor recibido y dado
sea semilla de nuevos lazos fraternos
y amanecer de un mundo de paz.
Amén.

Visita a Lampedusa, 8 de julio de 2013

El mal del consumismo

Señor,
libéranos del consumismo,
ese mal tal peligroso
que nos captura y nos convierte en esclavos,
haciéndonos adictos del gastar.
Danos la gracia de una generosidad
que nos abra el corazón
y nos lleve a la magnanimidad.

Homilía en Santa Marta, 26 de noviembre de 2018

Por todos los sacerdotes

No somos huérfanos porque Tú, María, nos acompañas.
Has querido revelarte así, mestiza y fecunda,
y así te quedas cerca de nosotros.
Madre de ternura y de fuerza
que nos rescatas de la parálisis
o de la confusión que nos hace sentir el miedo
porque simplemente estás allí, como Madre.

Con confianza, te pedimos que nos enseñes el camino,
que nos libres de la perversión del clericalismo,
que nos hagas cada día más "pastores de pueblo"
y no permitas que nos convirtamos en
"clérigos de Estado".

Discurso, 15 de noviembre de 2018

Futuro

Virgen María,
ayúdanos a no ser personas resignadas al presente
o, peor aun, nostálgicas del pasado,
sino orientadas hacia el futuro de Dios,
hacia el encuentro con Él,
nuestra vida y nuestra esperanza.

Ángelus, 7 de agosto de 2016

Asombro y alegría

Hoy te pedimos, Señor,
que nos concedas el asombro ante tu presencia,
ante tantas riquezas espirituales
que nos has dado.
Regálanos la alegría de nuestra vida
y la capacidad de enfrentar las dificultades
con la paz en el corazón;
protégenos de buscar la felicidad
en tantas cosas que al final nos entristecen.
Conviértenos en hombres y mujeres de asombro y alegría.

Homilía en Santa Marta, 23 de mayo de 2016

Por mi enemigo

Señor, bendice a mi enemigo
y enséñame a quererlo.

Homilía en Santa Marta, 19 de junio de 2018

Nuestro sí

Creo en Ti, espero en Ti, te amo, Señor;
que se haga en mí tu voluntad de bien.
Este es nuestro *sí* personal a Ti.

Ángelus, 8 de diciembre de 2016

Encuentro con María

Oh, María, nuestra Madre Inmaculada,
en el día de tu fiesta vengo a ti, y no vengo solo:
traigo conmigo a todos aquellos
que tu Hijo me ha confiado,
en esta ciudad de Roma y en el mundo entero,
para que Tú los bendigas y los salves de los peligros.

Te traigo, Madre, a los niños,
especialmente aquellos solos, abandonados,
que por ese motivo son engañados y explotados.

Te traigo, Madre, a las familias,
que llevan adelante la vida y la sociedad
con su compromiso cotidiano y escondido;
en modo particular,
a las familias que tienen más dificultades
por tantos problemas internos y externos.

Te traigo, Madre, a todos los trabajadores,
hombres y mujeres,
y te encomiendo especialmente a quien, por necesidad,

se esfuerza por desempeñar un trabajo indigno
y a quien ha perdido el trabajo o no puede encontrarlo.

Necesitamos tu mirada inmaculada
para recuperar la capacidad de mirar a las personas y cosas
con respeto y reconocimiento,
sin intereses egoístas o hipocresías.

Necesitamos de tu corazón inmaculado
para amar de modo gratuito,
sin segundas intenciones, sino buscando el bien del otro,
con sencillez y sinceridad,
renunciando a máscaras y maquillajes.

Necesitamos tus manos inmaculadas
para acariciar con ternura,
para tocar la carne de Jesús
en los hermanos pobres, enfermos, despreciados,
para levantar a los que se han caído
y sostener a quien vacila.

Necesitamos de tus pies inmaculados,
para ir al encuentro de quienes no saben
dar el primer paso,
para caminar por los senderos de quien se ha perdido,
para ir a encontrar a las personas solas.

Te agradecemos, oh, Madre,
porque al mostrarte a nosotros
libre de toda mancha de pecado,
nos recuerdas que ante todo está la gracia de Dios,
está el amor de Jesucristo que dio su vida por nosotros,
está la fortaleza del Espíritu Santo
que hace nuevas todas las cosas.
Haz que no cedamos al desánimo,
sino que, confiando en tu ayuda constante,
trabajemos duro para renovarnos a nosotros mismos,
a esta ciudad y al mundo entero.

¡Ruega por nosotros, Santa Madre de Dios!

Oración, 8 de diciembre de 2016

Paz en el mundo

¡Oh, Dios de amor, compasión y salvación!
¡Míranos!, gente de diferentes creencias y tradiciones,
reunidos hoy en este lugar,
escenario de violencia y dolor increíbles.

Te pedimos que por tu bondad
concedas la luz y la paz eternas
a todos los que murieron aquí,
a los que heroicamente acudieron los primeros,
nuestros bomberos, policías,
servicios de emergencia y las autoridades del puerto,
y a todos los hombres y mujeres inocentes
que fueron víctimas de esta tragedia,
simplemente porque vinieron aquí
para cumplir con su deber
el 11 de septiembre de 2001.

Te pedimos que tengas compasión
y alivies las penas de aquellos que,
por estar presentes aquí ese día,

hoy están heridos o enfermos.
Alivia también el dolor de las familias que todavía sufren
y de todos los que han perdido a sus seres queridos
en esta tragedia.
Dales fortaleza para seguir viviendo
con valentía y esperanza.

También tenemos presentes
a cuantos murieron, resultaron heridos
o sufrieron pérdidas
ese mismo día en el Pentágono
y en Shanskville, Pensilvania.
Nuestros corazones se unen a los suyos,
mientras nuestras oraciones
abrazan su dolor y sufrimiento.

Dios de la paz, concede tu paz a nuestro violento mundo:
paz en los corazones de todos los hombres y mujeres
y paz entre las naciones de la tierra.
Lleva por tu senda del amor

a aquellos cuyas mentes y corazones
están nublados por el odio.

Dios de comprensión,
abrumados por la magnitud de esta tragedia,
buscamos tu luz y tu guía
cuando nos enfrentamos con hechos
tan terribles como este.
Haz que aquellos cuyas vidas fueron salvadas
vivan de manera que las vidas perdidas aquí
no hayan sido en vano.
Confórtanos y consuélanos,
fortalécenos en la esperanza,
y danos la sabiduría y el coraje
para trabajar incansablemente por un mundo
en el que la verdadera paz y el amor
reinen entre las naciones y en los corazones de todos.

Oración en el monumento de la Zona Cero, en Nueva York,

25 de septiembre de 2015

¡Nunca más guerra!

Señor, Dios de paz, escucha nuestra súplica.

Hemos intentado muchas veces y durante muchos años
resolver nuestros conflictos
con nuestras fuerzas, y también con nuestras armas…
Ahora, Señor, ayúdanos Tú.
Danos Tú la paz, enséñanos Tú la paz,
guíanos Tú hacia la paz.
Abre nuestros ojos y nuestros corazones,
y danos la valentía para decir: "¡Nunca más la guerra!";
"Con la guerra, todo queda destruido".
Infúndenos el valor de llevar a cabo gestos concretos
para construir la paz.
Señor, Dios de Abraham y los profetas,
Dios de amor que nos has creado
y nos llamas a vivir como hermanos,
danos la fuerza
para ser cada día artesanos de la paz;
danos la capacidad de mirar con benevolencia
a todos los hermanos que encontramos
en nuestro camino.

Haz que estemos dispuestos
para escuchar el clamor de nuestros ciudadanos
que nos piden transformar nuestras armas
en instrumentos de paz,
nuestros temores en confianza
y nuestras tensiones en perdón.
Mantén encendida en nosotros la llama de la esperanza
para tomar con paciente perseverancia
opciones de diálogo y reconciliación,
para que finalmente triunfe la paz.
Y que sean desterradas del corazón de todo hombre
estas palabras: división, odio, guerra.
Señor, desarma la lengua y las manos,
renueva los corazones y las mentes,
para que la palabra que nos lleva al encuentro
sea siempre "hermano",
y el estilo de nuestra vida se convierta
en *shalom*, paz, *salam*.
Amén.

Invocación por la paz, 8 de junio de 2014

Sagrada Familia de Nazaret

Jesús, María y José,
en vosotros contemplamos
el esplendor del verdadero amor,
a vosotros, confiados, nos dirigimos.

Santa Familia de Nazaret,
haz también de nuestras familias
lugar de comunión y cenáculo de oración,
auténticas escuelas del Evangelio
y pequeñas iglesias domésticas.

Santa Familia de Nazaret,
que nunca más haya en las familias episodios
de violencia, de cerrazón y división;
que quien haya sido herido o ofendido
sea pronto consolado y curado.

Jesús, María y José,
escuchen, acojan nuestra súplica. Amén.

Ángelus, 29 de diciembre de 2013

A la Virgen de Fátima

Bienaventurada María Virgen de Fátima,
con renovada gratitud por tu presencia maternal
unimos nuestra voz a la de todas las generaciones
que te llaman bienaventurada.

Celebramos en Ti las grandes obras de Dios,
que nunca se cansa de inclinarse con misericordia
hacia la humanidad,
afligida por el mal y herida por el pecado,
para curarla y salvarla.

Acoge con benevolencia de Madre
el acto de consagración que hoy hacemos con confianza,
ante esta imagen tuya tan querida por nosotros.

Estamos seguros de que cada uno de nosotros
es precioso a tus ojos
y que nada de lo que habita en nuestros corazones
es ajeno a ti.

Nos dejamos alcanzar por tu dulcísima mirada
y recibimos la consoladora caricia de tu sonrisa.

Custodia nuestra vida entre tus brazos:
bendice y refuerza todo deseo de bien;
reaviva y alimenta la fe;
sostén e ilumina la esperanza;
suscita y anima la caridad;
guíanos a todos nosotros por el camino de la santidad.

Enséñanos tu mismo amor de predilección
por los pequeños y los pobres,
por los excluidos y los que sufren,
por los pecadores y los extraviados de corazón:
congrega a todos bajo tu protección
y entrégalos a todos a tu dilecto Hijo,
el Señor nuestro Jesús.
Amén.

Acto de consagración a María, Virgen de Fátima,
13 de octubre de 2013

Oración por el trabajo

Señor Dios, míranos.
Mira esta ciudad, esta isla.
Mira a nuestras familias.
Señor, a Ti no te faltó el trabajo,
fuiste carpintero, eras feliz.
Señor, nos falta el trabajo.
Los ídolos quieren robarnos la dignidad.
Los sistemas injustos quieren robarnos la esperanza.
Señor, no nos dejes solos.
Ayúdanos a ayudarnos unos a otros;
que olvidemos un poco el egoísmo
y sintamos en el corazón el "nosotros",
nosotros, pueblo que quiere ir adelante.
Señor Jesús, a Ti no te faltó el trabajo, danos trabajo
y enséñanos a luchar por el trabajo
y bendícenos a todos nosotros.
En el nombre del Padre, del Hijo y del Espíritu Santo.

Plegaria a Dios al final del encuentro con los trabajadores,
22 de septiembre de 2013

Luz de la fe

¡Madre, ayuda a nuestra fe!
Abre nuestro oído a la Palabra
para que reconozcamos la voz de Dios
y su llamada.
Aviva en nosotros el deseo
de seguir sus pasos,
saliendo de nuestra tierra
y confiando en su promesa.
Ayúdanos a dejarnos tocar por su amor,
para que podamos tocarlo en la fe.
Ayúdanos a fiarnos plenamente de él,
a creer en su amor,
sobre todo en los momentos de tribulación y de cruz,
cuando nuestra fe es llamada a crecer y a madurar.
Siembra en nuestra fe la alegría del Resucitado.
Recuérdanos que quien cree no está nunca solo.
Enséñanos a mirar con los ojos de Jesús,
para que Él sea luz en nuestro camino.
Y que esta luz de la fe
crezca continuamente en nosotros

hasta que llegue el día sin ocaso,
que es el mismo Cristo, tu Hijo, nuestro Señor.

Lumen fidei, 29 de junio de 2013

Mujer de la escucha

María, mujer de la escucha,
haz que se abran nuestros oídos;
que sepamos escuchar la Palabra
de tu Hijo Jesús
entre las miles de palabras de este mundo;
haz que sepamos escuchar
la realidad en la que vivimos,
a cada persona que encontramos,
especialmente a quien es pobre,
necesitado, tiene dificultades.

María, mujer de decisión,
ilumina nuestra mente y nuestro corazón,
para que sepamos obedecer la Palabra
de tu Hijo Jesús sin vacilaciones;
danos la valentía de la decisión,
de no dejarnos arrastrar
para que otros orienten nuestra vida.

María, mujer de acción,
haz que nuestras manos y nuestros pies
se muevan "deprisa" hacia los demás
para llevar la caridad y el amor de tu Hijo Jesús,
para llevar, como Tú, la luz del Evangelio al mundo.
Amén.

Oración, 31 de mayo de 2013

Por nuestra tierra

Dios omnipotente,
que estás presente en todo el universo
y en la más pequeña de tus criaturas,
Tú, que rodeas con tu ternura todo lo que existe,
derrama en nosotros la fuerza de tu amor
para que cuidemos la vida y la belleza.
Inúndanos de paz
para que vivamos como hermanos y hermanas,
sin dañar a nadie.
Dios de los pobres,
ayúdanos a rescatar
a los abandonados y olvidados de esta tierra
que tanto valen a tus ojos.
Sana nuestras vidas
para que seamos protectores del mundo
y no depredadores,
para que sembremos hermosura
y no contaminación y destrucción.
Toca los corazones
de los que buscan solo beneficios

a costa de los pobres y de la tierra.
Enséñanos a descubrir el valor de cada cosa,
a contemplar admirados,
a reconocer que estamos profundamente unidos
con todas las criaturas
en nuestro camino hacia tu luz infinita.
Gracias porque estás con nosotros todos los días.
Aliéntanos, por favor, en nuestra lucha
por la justicia, el amor y la paz.

Laudato si', 24 de mayo de 2015

Perdón sin fin

Señor, me he dejado engañar,
de mil maneras escapé de tu amor,
pero aquí estoy otra vez
para renovar mi alianza contigo.
Te necesito.
Rescátame de nuevo, Señor,
acéptame una vez más
entre tus brazos redentores.
¡Nos hace tanto bien volver a Ti
cuando nos hemos perdido!

Evangelii gaudium, 24 de noviembre de 2013

Fecundidad

Señor, quiero ser fecundo;
quiero que mi vida dé vida,
que mi fe sea fecunda,
vaya adelante
y pueda darla a los demás.
Señor, soy estéril;
yo no puedo, Tú puedes.
Soy un desierto;
yo no puedo, Tú puedes.
"Oh, Hijo de David; oh, Adonai; oh, Sabiduría;
oh, Raíz de Jesé; oh, Emanuel,
ven a darnos vida,
ven a salvarnos,
porque solo Tú puedes,
yo por mí mismo no puedo".

Homilía en Santa Marta, 19 de diciembre de 2013

Moderación

Padre nuestro,
ayúdanos a no olvidar
que se puede necesitar poco y vivir mucho,
sobre todo cuando somos capaces
de encontrar satisfacción en los encuentros fraternos,
en el servicio, en la música, en el arte y en la oración.

Laudato si', 24 de mayo de 2015

Al Niño de Belén

Oh, Niño de Belén,
toca el corazón de cuantos están involucrados
en la trata de seres humanos,
para que se den cuenta
de la gravedad de este delito contra la humanidad.
Dirige tu mirada sobre los niños secuestrados,
heridos y asesinados
en los conflictos armados,
y sobre los que se ven obligados a convertirse en soldados,
robándoles su infancia.
Señor, del cielo y de la tierra,
mira a nuestro planeta,
que a menudo la codicia y el egoísmo de los hombres
explota indiscriminadamente.

Mensaje urbi et orbi, Navidad 2013

La fuerza de los sueños

Señor Jesús, te doy gracias por estar aquí.
Te doy gracias porque me diste hermanos
que te encontraron, que te conocen,
que saben que Tú, su Dios, eres su fortaleza.
Jesús, te pido por los chicos y chicas
que no saben que Tú eres su fortaleza
y que tienen miedo de vivir,
miedo de ser felices,
tienen miedo de soñar.
Jesús, enséñanos a soñar,
a soñar cosas grandes, cosas lindas,
cosas que, aunque parezcan cotidianas,
engrandecen el corazón.
Señor Jesús, danos fortaleza, danos un corazón libre,
danos esperanza, danos amor
y enséñanos a servir.
Amén.

Discurso, 12 de julio de 2015

Alabado seas

Te alabamos, Padre, con todas tus criaturas,
que salieron de tu mano poderosa.
Son tuyas,
y están llenas de tu presencia y de tu ternura.
Alabado seas.

Hijo de Dios, Jesús,
por Ti fueron creadas todas las cosas.
Te formaste en el seno materno de María,
te hiciste parte de esta tierra,
y miraste este mundo con ojos humanos.
Hoy estás vivo en cada criatura
con tu gloria de resucitado.
Alabado seas.

Espíritu Santo, que con tu luz
orientas este mundo hacia el amor del Padre
y acompañas el gemido de la creación,

Tú vives también en nuestros corazones
para impulsarnos al bien.
Alabado seas.

Señor Uno y Trino,
comunidad preciosa de amor infinito,
enséñanos a contemplarte
en la belleza del universo,
donde todo nos habla de ti.
Despierta nuestra alabanza y nuestra gratitud
por cada ser que has creado.
Danos la gracia de sentirnos íntimamente unidos
con todo lo que existe.

Dios de amor,
muéstranos nuestro lugar en este mundo
como instrumentos de tu cariño
por todos los seres de esta tierra,
porque ninguno de ellos está olvidado ante ti.
Ilumina a los dueños del poder y del dinero

para que se guarden del pecado de la indiferencia,
amen el bien común, promuevan a los débiles
y cuiden este mundo que habitamos.
Los pobres y la tierra están clamando:
Señor, tómanos a nosotros con tu poder y tu luz,
para proteger toda vida,
para preparar un futuro mejor,
para que venga tu Reino
de justicia, de paz, de amor y de hermosura.
Alabado seas.
Amén.

Laudato si', 24 de mayo de 2015

Las oraciones más amadas
por el papa Francisco

Anima Christi

Alma de Cristo, santifícame.
Cuerpo de Cristo, sálvame.
Sangre de Cristo, embriágame.
Agua del costado de Cristo, lávame.
Pasión de Cristo, confórtame.
¡Oh, buen Jesús!, óyeme.
Dentro de tus llagas, escóndeme.
No permitas que me aparte de Ti.
Del maligno enemigo, defiéndeme.
En la hora de mi muerte, llámame.
Y mándame ir a Ti.
Para que con tus santos te alabe.
Por los siglos de los siglos.
Amén.

Oración de santa Faustina

Ayúdame, Señor,
a que mis ojos sean misericordiosos
para que yo jamás sospeche
o juzgue según las apariencias,
sino que busque lo bello en el alma de mi prójimo
y acuda a ayudarle;
a que mis oídos sean misericordiosos
para que tome en cuenta las necesidades de mi prójimo
y no sea indiferente a sus penas y gemidos;
a que mi lengua sea misericordiosa
para que jamás critique a mi prójimo,
sino que tenga una palabra
de consuelo y de perdón para todos;
a que mis manos sean misericordiosas
y llenas de buenas obras
para que sepa hacer solo el bien a mi prójimo
y cargar sobre mí las tareas más difíciles y penosas;
a que mis pies sean misericordiosos
para que siempre me apresure
a socorrer a mi prójimo,

dominando mi propia fatiga y mi cansancio;
a que mi corazón sea misericordioso
para que yo sienta todos los sufrimientos de mi prójimo.
Amén.

San Miguel Arcángel

San Miguel Arcángel, defiéndenos en la lucha.
Sé nuestro amparo contra la perversidad
y las acechanzas del demonio.

Príncipe de la milicia celestial,
con el poder que Dios te ha conferido,
arroja al infierno a Satanás
y a los demás espíritus malignos
que vagan por el mundo
para la perdición de las almas.
Amén.

Invocación navideña del padre Matta el Meskin

Si para nosotros la experiencia de la infancia
es algo difícil,
para Ti no lo es, Hijo de Dios.
Si tropezamos en el camino
que lleva a la comunión contigo
según tu pequeñez,
Tú eres capaz de quitar todos los obstáculos
que nos impiden hacer esto.
Sabemos que no tendrás paz
hasta que no nos encuentres
según tu semejanza y pequeñez.
Permítenos hoy, Hijo de Dios,
acercarnos a tu corazón.
Haz que no nos creamos grandes
por nuestras experiencias.
Concédenos, en cambio, que seamos pequeños como Tú,
para que podamos estar cerca de Ti
y recibir de Ti humildad y mansedumbre en abundancia.
No nos prives de tu revelación,
la epifanía de tu infancia en nuestros corazones,

para que con ella podamos curar
todo tipo de orgullo y de arrogancia.
Tenemos mucha necesidad
de que reveles en nosotros tu sencillez,
llevándonos a nosotros,
también a la Iglesia y al mundo entero, a Ti.
El mundo está cansado y exhausto
porque compite para ver quién es el más grande.
Hay una competencia despiadada entre gobiernos,
entre iglesias, entre pueblos,
dentro de las familias,
entre una parroquia y otra:
¿quién es el más grande entre nosotros?
El mundo está plagado de heridas dolorosas
porque su grave enfermedad es: ¿quién es el más grande?
Pero hoy hemos encontrado en Ti
nuestro único medicamento, Hijo de Dios.
Nosotros y el mundo entero
no encontraremos salvación ni paz
si no volvemos a encontrarnos de nuevo
en el pesebre de Belén.
Amén.

Oración del sentido del humor de Tomás Moro

Concédeme, Señor, una buena digestión,
y también algo que digerir.

Concédeme la salud del cuerpo
con el buen humor necesario para mantenerla.

Dame, Señor, un alma sencilla que sepa aprovechar
lo que es bueno y puro para que no se asuste ante
el pecado, sino que encuentre el modo de poner
las cosas de nuevo en orden.

Concédeme un alma que no conozca el aburrimiento,
las murmuraciones, los suspiros y los lamentos, y no
permitas que sufra excesivamente por ese ser tan
dominante que se llama: "yo".

Dame, Señor, el sentido del humor.
Concédeme la gracia de comprender las bromas
para que conozca en la vida un poco de alegría y
pueda comunicársela a los demás.
Amén.

San Francisco

Te ruego, pues, Señor mío Jesucristo,
Padre de la misericordia,
que no mires a nuestra ingratitud,
sino que recuerdes siempre la piedad rebosante
que has manifestado en esta ciudad,
para que sea siempre lugar y morada
de los que verdaderamente te conocen
y glorifican tu nombre bendito
y gloriosísimo por los siglos de los siglos.
Amén.

María que desata los nudos

Virgen María,
Madre que nunca ha abandonado
a uno de sus hijos que implora por su ayuda.
Madre cuyas manos trabajan sin tregua
por sus hijos tan amados,
porque son empujadas por el amor Divino,
y por la infinita misericordia que sale de tu corazón,

Dirige hacia mí
tu mirada llena de compasión,
mira el cúmulo de "nudos" que sofocan mi vida.
Conoces mi desesperación y mi dolor.
Sabes cuánto me paralizan estos nudos,
los pongo nuevamente en tus manos.
En tus divinas manos no hay "nudo"
que no pueda ser desatado.
Virgen Madre, con la gracia
y tu poder de intercesión
con tu hijo Jesús, mi Salvador,
recibe hoy este nudo.

Por la Gloria de Dios te pido desatarlo,
y desatarlo para siempre.
Confío en ti.

Eres el único consuelo que Dios me ha dado.
Eres la fortaleza de mis fuerzas precarias,
la riqueza de mis miserias,
la liberación de todo
lo que me impide estar con Cristo.
Acepta mi pedido.
Presérvame, guíame, protégeme,
sé mi refugio.
María que desata los nudos, reza por mí.

Invocación de don Tonino Bello

¡Señor mío y Dios mío!
Yo también quiero ver al Cristo resucitado
y ser una fuente de esperanza y alegría para todos.
¡Señor mío y Dios mío!

Novena de las rosas

Santísima Trinidad, Padre, Hijo y Espíritu Santo, te agradezco todos los favores y las gracias con los cuales has enriquecido el alma de tu sierva santa, Teresa del Niño Jesús y del Santo Rostro, doctora de la Iglesia, durante sus últimos veinticuatro años.

En esta tierra, por sus méritos, concédeme la gracia que deseo ardientemente si está en conformidad con tu santa voluntad y por el bien de mi alma.

Ayuda a mi fe y mi esperanza, oh, santa Teresa del Niño Jesús y del Santo Rostro.

Una vez más, cumple tu promesa de pasar al cielo "para hacer el bien en la tierra", permitiéndome recibir una rosa como signo de la gracia que deseo obtener.